乡村旅游情境下旅游者负责任行为驱动机制研究

周晓丽 著

中国旅游出版社

前言

党的十九大报告提出“实施乡村振兴战略”，2021—2024年连续四年中央一号文件均为全面推进乡村振兴，党的二十大报告也将全面推进乡村振兴作为全面建设社会主义现代化国家最繁重的任务之一，可见，乡村振兴已成为全面建设社会主义现代化强国的一项艰巨任务。依托乡村良好的自然生态环境和丰富的乡土文化旅游资源发展乡村旅游是新时代乡村振兴的重要方式和路径选择。2020年农业农村部印发了《全国乡村产业发展规划（2020—2025年）》，指出乡村休闲旅游业是农业功能拓展、乡村价值发掘、业态类型创新的新产业，横跨一二三产业、兼容生产生活生态、融通工农城乡，要依据乡村自然风貌、人文环境、乡土文化等资源禀赋，建设特色鲜明、功能完备、内涵丰富的乡村休闲旅游重点区，优化发展乡村休闲旅游业。伴随着国家重大战略的推进及各项政策的颁布实施，国内乡村旅游业得到了快速的发展。

然而，随着我国乡村旅游规模的持续扩大，大量旅游者的到访在给乡村振兴注入所需的经济资金贡献的同时，其不当行为如乱扔垃圾、采花折枝、干扰乡村目的地的生态系统、轻视乡村居民的文化素质、浪费食物、乱刻乱画等，也给部分乡村的自然生态环境和社会文化环境带来了较大的负面影响，非常不利于践行习近平总书记倡导的“绿水青山就是金山银山”以及“弘扬传承中华优秀传统文化”等指示精神。因此，急需旅游者在乡村旅游情境下改变旅游活动方式，减少其不当行为对乡村旅游目的地自然生态和社会文化环境等方面的负面影响。

旅游者的负责任行为即属于旅游者为减少自身行为对目的地经济、环境和社会文化等方面的负面影响并使目的地居民及其环境受益最大化所采取的行为和努力。研究者普遍认为旅游者的负责任行为是以其行为或行动为基础，强调旅游者为减少其行为对旅游产业的负面影响，而采取的对旅游产业多方面负责的旅游活动实践方式。依据旅游者行为或行动的实践领域差异，旅游者的负责任行为涉及不同方面。旅游者负责任行为的实施是突破当前乡村旅游目的地资源与环境困扰、实现乡村旅游产业高质量健康发展及乡村可持续振兴的重要前提，因此得到了学界和实践界的共同关注与重视。

基于此，本书聚焦于探讨乡村旅游情境下旅游者对旅游目的地不同环境方面负责任的责任行为驱动机制，以山西省内特别是晋东南太行山片区的乡村旅游目的地为研究情境，基于笔者的实地调研及观察、问卷调查等方式收集数据资料，综合运用市场营销学、管理学、人文地理学、社会学等多学科理论，系统研究乡村旅游情境下旅游者负责任行为的驱动机制。具体内容主要包括旅游者对乡村目的地自然生态环境负责任的环境责任行为驱动机制、对乡村目的地红色文化旅游资源负责任行为驱动机制以及对文明旅游负责任的文明旅游行为驱动机制三个领域。

本书是长治学院太行山生态与旅游研究中心基地项目“传统村落民宿旅游者负责任行为研究——基于情感凝聚理论视角的解释（XJ2020001001）”、山西省社会科学院青年课题“乡村旅游者环境责任行为驱动机制研究（YWQN202026）”、山西省哲学社会科学规划课题“乡村振兴背景下旅游者乡村依恋的驱动机制研究（2022YJ136）”和山西省高等学校哲学社会科学研究资助项目“成长型旅游区居民旅游环境感知差异及机制研究——以太行山大峡谷旅游区为例（2020W205）”的阶段性研究成果。随着我国乡村旅游的持续快速发展，乡村旅游活动的负面影响越来越凸显，而旅游者的不负责任行为是致使乡村旅游活动产生负面影响的重要前因之一，本书立足于旅游者负责任行为相关领域的研究前沿，以山西省晋东南太行山片区的乡村旅游目的地为调研地点，系统研究了乡村旅游情境下旅游者负责任行为的驱动机制。研究成果可为乡村旅游目的地激发促进旅游者负责任行为的实施提供实践启示和理论支撑，并有助于丰富旅游者负责任行为相关领域的研究视角和研究内容。

由于作者的水平和能力有限，加之时间比较仓促，本书难免存在不足之处，敬请各位专家和广大读者批评指正，不吝赐教！

周晓丽

于长治市潞州区

2024 年 2 月 20 日

CONTENTS

目录

Part 1

第1章　绪论

伴随着城市化、全球化及工业化的持续快速推进，全球都面临乡村衰退的重要难题。在我国，“农业、农村和农民”问题已成为影响中华民族实现伟大复兴的重要障碍因素之一，因此，党中央、国务院始终把解决好“三农”问题、振兴乡村作为全党工作的重中之重。休闲农业和乡村旅游的兴起与发展被认为是解决“三农”问题和实现乡村振兴的重要手段和有效途径（李涛等，2015）。鉴于休闲农业和乡村旅游对农村经济发展和农民增收的重要作用，国家频频出台引导和促进休闲农业和乡村旅游发展的政策，并且重视程度越来越高。早在2002年，国家旅游局就发布了《全国农业旅游示范点检查标准（试行）》，强调农业旅游点是指以农业生产过程、农村风貌、农民劳动生活场景为主要旅游吸引物的旅游点，大力发展农业旅游对于促进农村经济结构调整、丰富和优化旅游产品、扩大就业与再就业、加强一二三产业之间的相互渗透与共同发展，具有十分重要的意义；2007—2008年连续两年的中央一号文件中均强调“发展乡村旅游是促进农民增加非农收入的重要途径”；2009年《全国乡村旅游发展纲要（2009—2015年）》发布，使得乡村旅游进一步在增加农民收入、扩大内需和乡村产业振兴中发挥重要作用；2015—2019年连续五年的中央一号文件中也都涉及了发展休闲农业和乡村旅游的条款（王蒙与韩元军，2021）；2020年，农业农村部出台《2020年乡村产业工作要点》，强调要积极发展乡村休闲旅游，增添乡村产业发展亮点。近些年，在国家积极实施乡村振兴大战略的背景之下，关于促进乡村休闲农业与乡村旅游发展的相关政策更是频繁出台。伴随着国家休闲农业与乡村旅游发展政策的不断扶持和刺激，乡村旅游逐渐成为乡村产业的新亮点。

同时，由于乡村旅游目的地具有不同于城市开发成熟景区的原生态田园风光和乡土味乡村文化，乡村旅游目的地越来越受到城市旅游者的青睐和欢迎。在我国改革开放之后，持续快速推进城镇化及工业化的背景下，乡村旅游自身的独特魅力，还有日出而作日落而息、鸡犬之声相闻的“慢生活”节奏，对长期生活在水泥森林中的城市居民而言，是一种极其渴望的重要旅游体验。特别是受近些年日益恶化的自然环境及越来越频繁的突发公共卫生事件的影响，人们更加关注健康和养生，乡村的自然美景、新鲜空气，以及乡村令人魂牵梦绕的泥土芬芳和“老家气息”等，使得城市居民对乡村旅游的需求更加旺盛。据马蜂窝旅游大数据显示，2020 年 7 月至年底，马蜂窝平台“乡村游”及其相关关键词的搜索热度环比上涨了 184%。可见，时代的发展已经使得乡村旅游成为城市居民休闲、度假的重要消遣方式。

我国地域辽阔，休闲农业和乡村旅游资源非常丰富，不同区域的乡村拥有发展乡村旅游的不同类型的资源，如有的乡村地区拥有优美的自然景观，有的乡村地区拥有传统的民俗文化，有的乡村发展了特色农业活动，有的乡村有悠久的历史文化，有的乡村拥有宝贵的自然和文化遗产等。以笔者调研的主要案例区——山西省晋东南地区而言，发展乡村休闲旅游所依托的资源类型异常丰富，如位于晋城的碉堡式民居建筑，修建年代久远、数量庞大、空间形式独特且文化脉络完整，现已统一命名为“太行古堡”，成为晋城市众多乡村发展乡村旅游的重要资源依托；又如位于长治的排房、山窑和院落等，多依山傍水而建，生态环境优美，气候优势突出，是发展太行山乡村康养度假旅游的首选之地，也成为长治市部分乡村发展乡村旅游的依托资源。如表 1-1 所示，是笔者调研的晋东南地区不同的乡村发展乡村旅游所依托的旅游资源例举。

表 1–1 晋东南乡村发展乡村旅游所依托的旅游资源例举

村落名称	所处地域	所获荣誉及其旅游发展所依托的主要资源
岳家寨村	长治市平顺县	2012年入选首批中国传统村落名录，2019年入选第七批中国历史文化名村，2021年入选第三批全国乡村旅游重点村名单，旅游发展主要依托当地秀美的自然风光、独特的石头民居建筑文化以及深厚的岳飞文化底蕴等，被誉为“人间仙境　世外桃源”
虹霓村	长治市平顺县	2013年入选第二批中国传统村落名录，2019年入选第七批中国历史文化名村，旅游发展主要依托村内的国宝“明惠大师塔”、虹霓瀑布及其建在崖壁上的民居建筑等自然风光，被称为悬崖上的古村落
砖壁村	长治市武乡县	2017年入选第四批中国传统村落名录，旅游发展主要依托其深厚的红色文化底蕴，位于砖壁村的八路军总司令部旧址于1961年就被国务院公布为第一批全国重点文物保护单位
荫城古镇	长治市上党区	2019年入选第七批中国历史文化名镇，旅游发展一是依托其铁器生产文化，有“千年铁府”之称；二是依托其明清古民宅和古建筑遗址，现存古民宅5096间，特色院落18户，寺庙16座，旧戏台8座，旧城门7个，牌楼祠堂5个，门面店铺500余家
皇城村	晋城市阳城县	2012年入选首批中国传统村落名录，旅游发展主要依托其内涵丰富的名人文化，规模宏大的城堡、官宅、商院相结合的古建筑群，“天人合一”的人居环境等，特别是位于村内的5A级景区——皇城相府
湘峪村	晋城市沁水县	2010年入选第五批中国历史文化名村，2012年入选首批中国传统村落名录，旅游发展主要依托村内的湘峪古堡及其历史文化价值，是完整的城堡式建筑，村内有丰富的砖石土木结构建筑，知名的古建筑遗址包括三都堂、帅府、十大宅院、大小男院等民居建筑以及寺院、祠堂、私塾等公共设施
水头村	晋城市阳城县	水头村乡村旅游的发展主要依托当地的气候资源优势和当地开发的大量乡村民宿，通过向去水头村周边的析城山、十八罗汉山等景区的游客提供午休场所，为游客提供避暑长租民宿服务

据此，休闲农业和乡村旅游在政策供给、市场基础及依托资源的合力保障下得到快速增长，我国乡村休闲旅游人数持续快速增加，旅游消费规模持续扩大。据《2019年中国休闲旅游市场研究报告》数据显示，2018年全国休闲农业和乡村旅游接待人数已超30亿人次，乡村休闲旅游人数持续不断增加，旅游消费持续增速。

然而，早期的乡村旅游大都无序规划、盲目开发，乡村旅游发展的生态和社会环境成本极高。党的十九大报告指出，中国经济已由高速增长阶段转向高质量发展阶段，2019 年中央经济工作会议又提出推动旅游业高质量发展，乡村旅游高质量发展理应成为时代诉求。由于乡村自然环境和社会文化环境的敏感性与脆弱性，因此，可持续发展理应成为乡村旅游高质量发展的首要之义。且 2018 年文化和旅游部等 17 部门还专门印发了《关于促进乡村旅游可持续发展的指导意见》，强调乡村旅游的发展要坚持生态优先，绿色发展，要积极践行习近平总书记提出的“绿水青山就是金山银山”理念，注重对乡村生态环境和特色风貌的保护，强化有序开发、合理布局，避免急功近利、盲目发展，务必要实现可持续发展。而乡村旅游可持续发展的实现需要乡村旅游目的地所有利益相关者的共识和共同努力，旅游者作为乡村旅游活动的主体，其在乡村旅游活动过程中实施负责任行为是保护乡村旅游目的地环境、推动乡村旅游实现可持续发展和高质量发展不可或缺的中坚力量。据此，旅游者负责任行为特别是其驱动机制成为学术界和实践界均非常关注的热点话题。

1.1 乡村旅游概述

自 20 世纪 60 年代以来，全球范围内的乡村旅游均获得快速发展，然而，关于乡村旅游的概念，不同的学者从不同的视角进行了界定。如联合国世界旅游组织（UNWTO）指出，乡村旅游是一种与自然、农业、生活方式和乡村文化广泛相关的旅游活动。它发生在人口密度较低、农业和林业占主导地位、社会结构和传统生活方式得以保留的非城市（农村）环境中；国外学者 Getz 和 Page 强调从地理空间范围的视角界定，认为只要具备旅游经营者、旅游产品和服务供应商及不同的旅游吸引物（如村民淳朴的生活方式、自然景观、娱乐活动等），地理范围中所有的非城市旅游都是乡村旅游；也有学者强调从乡村旅游的本质属性进行界定，如国内学者李志飞等（2023）特别强调乡村旅游的“乡村性”，强调乡村性是“乡村之所以成为乡村的基本条件”，所以具备“乡村性”的自然和人文旅游资源客体才是乡村旅游的本质，然而由于学界尚未对乡村性的本质属性达成共识，因此对于何谓具有“乡村性”的自然和人文旅游资源客体也尚未有定论；还有学者从综合的视角界定乡村旅游，如黎洁等（2019）研究认为，乡村旅游是由与乡村地域及农事相关的风土、风物、风俗、风景组合而成的乡村风情为旅游吸引物，吸引旅游者进行休憩、观光、体验及学习等体验活动的旅游方式。

我国的乡村旅游自 20 世纪 80 年代中期萌芽以来，在政府和市场双重力量的推动下，获得了持续快速的增长（郭焕成与韩非，2010）。特别是党的十九大报告提出实施乡村振兴战略以来，我国的乡村旅游进入全面发展阶段，依托旅游开发实现乡村发展与振兴的乡村数量越来越多，分布越来越广泛，形式类型也越来越丰富，乡村旅游对于乡村发展与乡村振兴的特殊功效得到了普遍验证（杨证轲等，2021）。

与其他旅游活动类型相比，乡村旅游具有发生在乡村地区、依托乡村禀赋资源、依赖城市客源三个指示性特征（马波等，2023）。因此，伴随我国城镇化率从 1978 年的 17.92% 迅速提高到 2022 年的 65.22%，乡村作为农业生产空间的供给出现严重过剩，乡村衰落的速度不断加剧，2012 年启动的中国首批传统村落调查显示：中国的自然村正以前所未有的速度迅速消失，自然村数量已从 2000 年的 363 万个锐减至 2010 年的 271 万个，而且还在以更快的速度继续缩减，部分存留下来的村庄，也由于大部分村民入城务工而呈现空巢化甚至成为空心村（陈浩等，2023）。因此，要保护乡村地域及空间，就必须促使农村空间实现功能转化，依据发达国家的发展经验，农村空间功能转化的一种路径即从传统的农业生产空间逐渐转向服务越来越多城市居民休闲度假的消费需要空间。基于此，20 世纪 90 年代以来，随着我国城镇化率的不断提高，乡村空间功能开始转化，乡村旅游实践快速发展，乡村旅游成为国内学术界包括旅游学、农村经济学、农村地理学、农村社会学等诸多学科共同关注的学术话题，研究队伍、研究范畴和成果数量突飞猛进（马波，2023）。从发展乡村旅游的功能上看，早期学者比较重视乡村旅游对乡村经济发展的贡献度、带动性（李园菲等，2017），把乡村旅游看成乡村非农产业的重要部分，自 2017 年党的十九大宣布实施乡村振兴战略以来，学者逐渐转向把乡村旅游嵌入乡村乃至城乡区域系统，从经济、社会、环境、文化等多维视角展开系统研究（李志飞与夏家豪，2023；孔雪松等，2023）。

然而，乡村旅游环境具有区别于城市旅游环境的典型特征，包括乡村旅游地更加自然的原生态环境和更加乡土本色的社会文化环境等。城市环境作为一种建成环境，其自然生态性弱于介于荒野和城市之间的乡村，在追求健康的新时代，乡村的自然生态环境对城市居民具有非常大的吸引力，因此保护好乡村的自然生态环境对乡村旅游的可持续发展意义重大。同时，乡村的社会文化环境也区别于城市的社会文化环境，体现在基于乡土逻辑主导而形塑的乡村社会文化不同于基于市场经济逻辑主导而形塑的城市社会文化，如乡村人与人之间的交往会更加和谐、真诚、与人为善，人们之间充满了不计功利的互帮互助行为等，这些人际交往模式与城市里冷漠、计算得失的社会交往形成巨大反差。因此，近些年城市居民对乡村旅游目的地的向往越来越强烈，乡村旅游目的地被城市居民看成“乡愁之所”“田园意境”“姆庇之家”“诗意栖居”等。我国乡村旅游由此得到大规模发展，乡村旅游的大规模发展也给乡村地区带来了多方面的综合影响。

1.2 乡村旅游活动的影响

旅游影响（tourism impact）又被称为旅游效应（tourism effect），是由旅游活动（包括旅游者活动和旅游产业活动）所引发的种种利害影响（谢彦君，2011），是当旅游活动从个别偶然走向大众化之后成规模的旅游活动所带来的种种变化。广义的旅游影响既包括旅游活动给目的地带来的变化，也包括旅游活动给旅游客源地及旅游者所带来的变化。狭义的旅游影响是旅游活动给目的地所带来的种种变化，包括旅游活动给目的地经济体的内部经济结构带来的改变，给目的地社区的环境演化方向带来的影响，以及对目的地的社会文化发展趋向产生的影响等。本研究关注旅游活动给目的地带来的影响和变化，因此采取狭义的旅游影响概念。借鉴谢彦君（2011）的研究，按照旅游影响的内容结构，把旅游活动引发的影响分为经济影响、环境影响和社会文化影响三个方面。

旅游活动的经济影响是指旅游发展对一个国家和地区的经济体所产生的直接和间接经济效应的总和，是旅游活动所依赖的经济手段——支付能力的外部性表现。旅游发展与经济增长之间的关系是早期旅游学研究的核心命题，且早期研究大多肯定了旅游发展对经济增长的显著促进作用，旅游业促进经济增长（Tourism-led Growth，TLG）假说是旅游经济效应研究的主流范式（赵磊，2012），如黎洁等依据江苏2002年旅游活动社会核算矩阵构建一般均衡CGE模型，发现入境旅游者的消费增长对目的地地区的生产总值和社会福利增长均有正向影响。基于此，大量学者得出国际旅游具有平衡国际收支及国内旅游具有减缓地区贫富差距的经济效应。

旅游活动的环境影响是指旅游活动对目的地自然环境所产生的种种影响。旅游和环境之间的关系是相辅相成、相生相克的。现有研究发现，旅游开发既可能促成自然或人文环境的保护，因为目的地的环境是吸引旅游者到访的重要决定因素，目的地会为了发展旅游活动而保护本地的自然和人文环境，但也可能给自然环境带来负面影响，如由于旅游业的经营活动或大量旅游者的游览活动而破坏目的地原始环境的风貌，污染空气、水源和土壤等。

旅游活动的社会文化影响是旅游活动对目的地社会结构、价值观念、生活方式、习俗民风和文化特征等方面产生的影响。由于旅游活动往往涉及不同地域人们之间的相互交流，因此旅游活动的社会文化影响是非常大的。与旅游活动的环境影响类似，在社会文化环境方面，旅游活动既可能产生正面的影响，如促进目的地社会文化的弘扬保护传承，使目的地居民产生文化的自豪感和自信等，也可能给目的地的社会文化带来负面效应，如导致目的地的社会文化因过度商品化而被破坏，致使目的地居民的道德意识下降、犯罪率上升等。

如前所述，我国乡村旅游源起于 20 世纪 80 年代，之后得到迅速发展，规模持续扩大，乡村旅游活动给乡村目的地社区带来了巨大的影响。本研究借鉴谢彦君对旅游活动影响内容结构维度的划分，从经济影响、环境影响和社会文化影响三个方面概述大规模乡村旅游活动给乡村目的地社区带来的影响。

1.2.1 乡村旅游活动的经济影响

纵观全球的乡村旅游发展史，乡村旅游的产生和兴起都是源于工业化和城镇化迅速发展而带来的城乡二元结构变化，乡村旅游作为能够满足城市游客休闲度假需求、拯救乡村危机、扩大乡村就业和振兴乡村经济的经济产业形式而迅速发展起来，即乡村旅游是在各国诉求其积极经济效应的基础上发展起来的。2022 年 10 月至 2023 年 1 月，联合国世界旅游组织针对其 159 个成员国在线调查其乡村旅游发展的目标诉求，完成调查的 79 个成员国指出，其乡村旅游发展的主要诉求是其积极经济效应，主要目标诉求包括促进农村可持续发展、改善基础设施、支持地方经济和社区发展、创造就业机会、提高生活质量等，尽管各成员国都认为乡村旅游发展有这样或那样的挑战，但仍然认为乡村旅游能为农村发展带来机遇，包括创造就业机会、提高居民生计能力、促进文化和自然遗产保护等。在中国，乡村旅游在助力乡村地区脱贫、乡村振兴等实践过程中的贡献也主要源于乡村旅游对乡村地区的积极经济效应。

早期国内外研究大都验证了乡村旅游发展对乡村地区经济振兴这一积极作用的普遍存在性。国外学者对不同国家乡村旅游经济效应的研究都验证了乡村旅游活动的积极经济影响，如学者 Pevetz（1991）的研究认为澳大利亚的乡村旅游活动对多元化当地农民的生计方式、增加当地农民的经济收入具有重要的促进作用。Forsyth（1995）和 Telfer 等（1996）研究认为，虽然在乡村旅游的发展过程中，旅游业会和当地农业产生一定的资源竞争，但乡村旅游的发展也依然发挥了促进当地农业发展的积极效应。国内学者的研究同样验证了国内乡村旅游发展对乡村地区经济的积极影响，如姚素英早在 2007 年的研究就认为乡村旅游具有促进农村经济发展、为农村剩余劳动力开拓就业门路、调整农村经济结构等积极经济效应；顾筱和与黄郁成（2006）的研究认为，发展乡村旅游具有增加乡村的经济收入、提高当地农民的生活水平，创造新的就业机会、扩大乡村居民的就业途径，促进乡村经济由单一农业经济逐渐向多元化方向发展，增加税收、改善当地的基础设施等作用。由此可见，对乡村旅游活动经济影响的研究大都证实，乡村地区发展旅游和休闲活动具有为乡村居民提供就业岗位、提高居民家庭收入和生活水平、带动乡村地区经济发展、缩小城乡差距等作用。国内大量乡村旅游发展的实践案例表明，自 20 世纪 80 年代以来，许多乡村地区从旅游发展中脱离了贫困，实现了乡村地区的经济振兴甚至全面振兴，于是在国内学术界产生了旅游型乡村这一学术概念。

然而，学者研究也发现，乡村旅游活动的正面经济效应在不同的乡村具有显著的差异性，与乡村本身的资源特质、所处旅游发展阶段、乡村旅游的开发模式等因素密切相关。如徐淑红（2020）基于中国 30 个省市 2001—2019 年的省际面板数据，实证研究乡村旅游活动对农村经济发展的影响，结果发现乡村旅游与农村经济发展之间的关系呈 U 形，与乡村旅游业所处发展阶段、乡村所处地域等因素之间有密切关系，特别是不同乡村之间因自然生态资源禀赋、经济发展水平、地域文化差异等影响，使得乡村旅游对农村经济的影响程度存在显著的地域差异性。而且笔者在实地调查中发现，乡村旅游的经济效应与乡村所处区位有显著关系，毗邻经济发达都市的乡村，由于具有较好的区位条件，有客源市场支撑这一优势，即使资源本底不那么具有优势也能获得较好的发展，但是也有一些乡村，虽然资源禀赋很有优势，但由于所处区位远离经济条件较好的都市客源市场，在乡村旅游发展的过程中也处于劣势。

随着乡村旅游规模的持续扩大，学者们发现乡村旅游活动于乡村旅游地而言并不仅仅带来了正面的经济效应，乡村旅游活动的经济效应实则是一把双刃剑，在带来了乡村经济振兴的同时，也给乡村旅游地带来了诸多负面的经济影响，这些负面效应包括拉大农民之间的贫富差距、导致乡村消费商品和服务价格上涨、引发当地居民和开发者之间的经济纠纷等（顾筱和与黄郁成，2006）。国外有学者对乡村旅游的实证研究发现，部分地区的乡村旅游开发不但没有减小城乡差距，反而进一步扩大了城乡差距，并给乡村旅游开发社区的居民带来了物价上涨、交通拥堵、生活成本提高等问题（Unwin，1996；Ko 与 Stewart，2002）。国内学者肖艳玲（2018）分析了乡村旅游的季节性带给乡村经济、社会和感知的负面影响，认为在乡村旅游的淡季，由于旅游者接待量骤降，使大量的乡村旅游设施闲置，给乡村旅游经营者带来了巨大的运营成本和生存压力。李凡和金忠民（2002）对西递、宏村和南屏三个古村落的旅游开发影响展开了调查，发现虽然旅游开发在一定程度上降低了居民的农业就业比率，完善了古村落的产业结构，但当地村民参与旅游发展并从中受益的程度并不高，而且需要承担因旅游发展而带来的较大经济负担等。

从当前国内外关于乡村旅游影响的现有研究可以看出，经济视角是国内外乡村旅游影响研究的主线，但关于乡村旅游开发给乡村目的地社区带来的影响效价，学者观点并不一致。初期学者基本上赞同把乡村旅游作为乡村地区经济发展的一种手段和模式，肯定了乡村旅游的正面经济效应，但随着乡村旅游规模的持续扩大，部分乡村旅游地逐渐凸显出物价上涨、交通拥堵等问题，致使学者们关于乡村旅游经济影响的观点开始分化，出现乡村旅游经济影响的中立观点甚至是负面观点。

1.2.2 乡村旅游活动的环境影响

良好的乡村自然生态环境如宜人的气候条件、宁静的乡村声景环境、植被覆盖率高的生态环境、多样化的动植物栖息地、恬静的乡村田园风光等，是乡村地区吸引城市游客前往乡村开展休闲度假活动的重要吸引力源。然而，随着乡村旅游规模的持续扩大，乡村旅游业的经营活动及旅游者的游览参观活动给乡村的自然生态环境带来了严重的负面影响（Tang，2015）。总的来看，乡村旅游发展带来的负面环境影响包括大量垃圾破坏乡村目的地的自然环境和景观、旅游活动的开展破坏乡村地区的生态系统，增加交通拥挤与噪声污染，增加水、大气、土壤污染及其他形式的环境破坏等（Kuo 与 Chen，2009）。乡村旅游活动带来的负面环境问题一方面影响了乡村旅游目的地的环境形象和宁静的乡村自然氛围，另一方面也不利于乡村旅游业的健康可持续发展。

早在 2002 年李凡和金忠民对皖南西递、宏村和南屏三个古村落旅游的调查就发现，皖南的这些古村落由于地理位置偏远封闭而保存了较好的生态环境，但也使得古村落的生态环境具有比较强的脆弱性，在旅游开发过程中由于乱伐树木已经造成山体植被逐渐减少，古村落赖以生存的水溪上游水土流失、泥沙淤积，古村落的水系原形已经萎缩，同时部分巷道青石板年久失修，排水不畅，垃圾侵袭和生活污水自由排放等，造成了严重的生态环境破坏。孔英丽（2014）的研究认为乡村旅游给乡村目的地的生态环境带来了一系列的负面影响，包括因乡村基础设施建设而造成的地表植被破坏、水土流失等生态问题；新建项目与乡村原有景观难以和谐共存，破坏乡村原有整体风貌，造成景观污染；因追求短期利益而破坏乡村生态系统的恢复力；大量人流和物流带来的废气、废水和固体废弃物污染乡村生态要素及游客不文明游览行为造成的生态环境破坏等。池静与崔凤军（2006）实地考察了杭州梅家坞茶文化村、龙坞茶村和山沟沟景区在乡村旅游开发过程中存在的“公地悲剧”问题，认为源于乡村旅游资源的产权属性，乡村旅游开发很容易造成乡村旅游目的地的环境退化、核心资源迅速耗损及品牌资产快速衰减等负面环境问题。随后，保继刚等（2015）以阳朔历村为案例地的研究也发现，历村稀缺的山水资源本是使得游客接待量持续增长的重要原因，然而，由于历村在乡村旅游开发过程中缺乏政府的引导和监管控制，乡村旅游规模的扩大也造成了历村自然环境的退化等“公地悲剧”。

不同于经济视角的乡村旅游效应研究，学者们关于乡村旅游开发对乡村自然生态环境的影响以消极效应为主线，但仍有部分研究验证了乡村旅游开发给乡村目的地自然生态环境带来的正面积极效应。国外学者 Garcia-Ramon（1995）

等以西班牙乡村为对象的研究认为乡村旅游目的地为了发展乡村旅游，总是会努力去保护乡村旅游发展所依赖的乡村自然生态景观，并想方设法增加乡村环境的美学价值，因此在一定程度上，发展乡村旅游有利于保护乡村自然生态环境。国内学者以乌鲁木齐方家庄为案例的调查也发现，超 70% 的村民认为发展乡村旅游由于采取了要求村民植景观树和安放垃圾箱等环保措施而改善了方家庄的整体环境（丁宇等，2015）。笔者在实地走访调查的过程中也了解到，在乡村旅游发展的初期阶段，乡村往往会为了吸引旅游者来访而采取一些整治卫生、美化环境等的举措，使得乡村旅游的环境效应以正面为主，但是随着乡村旅游持续快速发展，大规模的旅游活动往往给乡村目的地社区带来垃圾污染、噪声污染等负面环境效应。但总体上来看，学界对乡村旅游给乡村目的地带来的环境影响仍以负面效应为研究主线。

1.2.3 乡村旅游活动的社会文化影响

作为一种乡村发展模式，乡村旅游不仅会带来一系列的经济效应和环境效应，其内部场域还可能会充斥着尖锐的利益矛盾，隐藏着严重的伦理危机，给乡村目的地社区带来巨大的社会文化影响，如若不能直视和解决这些问题，则会阻碍乡村旅游及乡村社会文化环境的良性发展（尤海涛，2014），甚至造成乡村地区的瓦解和消失。王媛（2010）的研究认为中国乡村旅游的发展正带来传统乡村的解体。笔者在调查中也发现乡村旅游的开发正在创造着一个又一个位于乡村内部的“城市空间”，为了迎合部分城市旅游者的非理性旅游诉求，部分乡村旅游规划者总会在给乡村出规划文本时，忽视乡村空间的乡土本性特色，而刻意在乡村的物质文化空间上进行装饰，将一个又一个的城市微景观装点在乡村的环境中，乡村旅游正以一种前所未有的“乡村空间城市化”方式瓦解着传统乡村社区空间。在旅游发展的过程中，乡村旅游地的乡土逻辑逐渐被市场逻辑所取代，居民间传统的互助友善邻里关系也逐渐被商业化和功利化所取代，中国乡村社会的道德规范正遭受着严重的侵蚀和损害（费孝通，1984；邹统钎，2006），照这样发展下去，乡村将逐渐沦为城市的“飞地”。上述种种均说明乡村旅游给乡村目的地社会文化环境带来的影响是非常大的。

乡村旅游的社会文化影响关注的主要是乡村旅游的发展给乡村目的地社区居民生活及乡村传统文化带来的影响。一方面，涌入乡村社区的旅游者会将其在客源地的行为规范、生活方式、价值观念等带入乡村旅游目的地，给乡村社区居民带来示范效应，从而影响乡村的社会结构、婚姻与家庭关系、生活方式、价值观念等逐渐转向城市里的模式；另一方面，乡村文化本是乡村旅游吸引城市游客前往乡村消费的核心吸引力源之一，特别是在我国大力推进文旅融合国家战略的背景下，乡村因承载了我国大量的传统文化而独具魅力，成为城市游客向往的休闲度假之地，但旅游者的旅游活动却会对乡村文化的变迁产生广泛而深远的影响。同前述的乡村旅游活动的经济和环境影响一样，大多数研究认为乡村旅游社会文化影响的效价分为正面影响和负面影响（Rasoolimanesh 等，2017）。

乡村旅游社会文化影响的正面效价主要体现在促进乡村社区复兴、改善居民的生活条件、促进乡村传统文化的弘扬和传承、提升乡村居民的传统文化认同和自信、促进文化交流等。而乡村旅游社会文化影响的负面效价则主要体现在部分乡村地区因发展乡村旅游而导致犯罪率上升、为满足城市游客的旅游诉求、乡村文化的过度商品化会导致乡村文化的真实性和神圣性下降、乡村居民受城市居民的行为示范而道德规范下降等。我们在实地调查中发现，晋东南地区的部分乡村在乡村旅游的发展过程中，由于居民参与乡村旅游的程度不同，因此从旅游中获益程度不一，乡村旅游发展带来了居民之间的贫富差距加大，而加大的贫富差距又进一步使得乡村居民之间的矛盾加深，从旅游中获益少的居民对外来旅游者持非常敌视的态度，甚至挑拨离间故意破坏参与旅游活动的居民形象，给旅游者带来非常差的旅游体验感知。

大量学者的研究已证实了乡村旅游社会文化影响的双刃剑效应。如国外学者 Moore（1995）对希腊乡村旅游社会文化影响的分析发现，因旅游的开发而改变了该地区男性和女性的饮酒习惯和模式，导致公共酒精中毒事件迅速增加；Pearce（1996）和 Fisher（2004）的研究认为，乡村旅游还会导致乡村社区居民在城市游客的示范效应下，复制模仿游客的行为方式及购买模式，产生各种与当地传统习俗不符的陋习，导致社会矛盾加大。国内学者梁冰瑜等（2015）以丹霞山旅游区内的瑶塘村和断石村为案例，通过深度访谈和问卷调查收集数据，探究旅游开发对乡村社区人际关系的影响。研究表明，旅游开发对乡村社区人际关系的影响符合双刃剑效应：正面上，乡村旅游开发提高了乡村居民的文明程度，减少了村民日常交往中的摩擦，提高了居民参与新型集体活动的积极性和主动性；负面上，乡村旅游开发也导致当地居民的交往时间减少，淳朴的村风民风有所下降。唐晓云（2014）重点关注民族旅游开发给民族地区带来的负面社会文化影响，作者对广西龙脊平安寨进行了持续跟踪调查，发现旅游开发给该村寨带来的负面社会文化影响包括加速民族农村地区社会分化，社区文化世俗化，贫富分化加剧，差序格局和文化传统被打破，农村居民之间的相互信任感、依赖感及社区认同感显著下降等。

虽然对乡村旅游开发给乡村地区带来的经济、环境及社会文化影响等褒贬不一，但总体上看，学界及实践界基本认同乡村旅游开发给乡村目的地社区带来的影响是双面的。而乡村旅游开发的负面影响既包括旅游经营活动带来的负面影响，也包括旅游者的不当行为方式、旅游活动方式等带来的负面影响。特别是旅游者在乡村旅游活动中实施的不负责任行为，很可能给乡村旅游目的地的经济、自然环境及社会文化环境等带来不可逆转的负面影响。以笔者调研期间的所见所闻来看，有的旅游者会在旅游活动过程中为了自己的体验，不顾乡村旅游目的地的自然环境或社会文化环境等，实施不负责任的旅游行为。笔者在调研期间发现，很多旅游者的不负责任行为会对乡村目的地的自然环境产生较严重的负面影响，如有的旅游者会为了获得良好的拍照效果（图 1-1 中左图是父母为了给孩子拍出“下花雨”的效果，一人负责拍照，一人不停地震动花树，右图是傍晚乡村旅游活动结束后，被旅游者随意丢弃到地面上的垃圾）而不顾自己的自然环境不负责任行为，如采花折枝、践踏草坪、乱丢垃圾、破坏动植物的栖息地等，旅游者的这些自然环境不负责任行为很有可能引起其他旅游者的模仿，大量旅游者不负责任行为的集合后果就是给乡村旅游地的自然生态环境带来不可修复的负面影响。同理，旅游者也会在乡村旅游活动中实施大量的社会文化不负责任行为，如逃票行为、吵架行为、浪费食物行为、不遵守乡村旅游地的文明旅游规范行为（如图 1-2 所示，在乡村旅游地提供的一处稻草人景观处，为了保证游客的安全，很明显地张贴着“文明观赏请勿攀爬”的指示标志，但相当多旅游者为了爬到稻草景观的顶上拍照，无视标志上的指示，拥挤着攀爬，不仅因上下狭窄的楼梯拥挤而争吵不休，而且带来非常大的安全隐患）等。

既然乡村旅游活动给乡村旅游目的地带来的负面影响部分是由旅游者的不负

责任行为引起的，那么探究乡村旅游情境下旅游者负责任行为的驱动机制，理应可以成为减缓乡村旅游活动的负面效应、促进乡村旅游可持续健康发展的可行路径。有鉴于此，本书以乡村旅游情境下旅游者负责任行为为切入点，基于社会学、旅游学、地理学及管理学等学科理论，较为全面深入地探讨旅游者负责任行为的驱动机制，以期为乡村旅游的可持续高质量发展提供理论支撑和实践启示。

图 1–1　旅游者自然环境不负责任行为示意

图 1–2　旅游者社会文化环境不负责任行为示意

图片来源：笔者调研拍摄所得。

1.3 研究背景与意义

1.3.1 研究背景

（1）我国积极实施乡村振兴大战略的实践背景。

党的十九大报告提出“实施乡村振兴战略”，2021—2024 年连续四年的中央一号文件均为全面推进乡村振兴，乡村振兴已然成为实现中华民族伟大复兴和中国式现代化的一项重大任务。因为旅游者在乡村旅游活动过程中的消费支出可以为乡村振兴提供必需的经济资金支持，因此，依托乡村良好的自然生态和丰富的文化资源发展旅游是实施乡村振兴战略的重要选择和支撑力量。山西省是我国北方传统村落最多的省份，而晋东南地区的晋城市和长治市又是山西省传统村落最多的地区，两个地市的传统村落总量达 264 个，占到全省传统村落数量的 42.6%，“十四五”期间依托乡村旅游发展振兴乡村是晋东南地区经济社会发展的重要方面。

（2）乡村旅游助力可持续乡村振兴的障碍因素。

在我国乡村旅游获得持续快速发展、有效助力乡村振兴的同时，大量旅游者的到访也给部分乡村的自然生态环境和社会文化环境带来了较大的负面影响，不利于习近平总书记“绿水青山就是金山银山”理论的践行，也不利于我国乡村传统优秀文化的弘扬传承。可见，旅游者在乡村旅游活动过程中因实施不负责任行为而带来的负面影响已然成为阻碍乡村旅游助力可持续乡村振兴的重要障碍因素。

乡村旅游情境下旅游者负责任行为是旅游者为减少其行为对乡村自然生态环境及社会文化环境等方面的负面影响，在乡村旅游活动中采取的履行自身责任、对环境负面影响最小化、有助于实现乡村旅游可持续发展、助力乡村振兴的行为。因此，研究乡村旅游情境下旅游者负责任行为的驱动机制，为引导旅游者在乡村旅游情境中实施负责任行为提供针对性建议是当前学术界亟须研究的重点和难点问题。

（3）案例区背景。

传统村落是承载中华 5000 年农耕文明的重要载体，是不可再生的文化遗产。然而快速的城镇化及工业化建设，加速了传统村落的消亡。因此，2012 年年底，住房和城乡建设部、文化部和财政部联合下发了《关于加强传统村落保护发展工作的指导意见》，并先后分六批评选出了8155个国家级传统村落，传统村落的保护和发展被提上国家日程。发展乡村旅游是中国传统村落谋求保护与发展的路径选择之一，因此传统村落成为我国当前乡村旅游供给的主体区域。

山西省特别是晋东南地区是我国传统村落富集区，选择此区域为案例研究地有助于促进晋东南传统村落旅游业及民宿经营的可持续发展。地处太行山南端的长治、晋城等地市传统村落资源富集、优势明显，截至2022年住房和城乡建设部公布的六批中国传统村落名录中，晋城市共有186个村落入选，长治市共有78个村落入选，位居山西省传统村落入选数量的第一和第三，总量占山西省传统村落的42.6%。山西省处于经济转型发展的关键期，文化旅游产业在经济转型发展中将发挥重要作用。2017年山西省第十二届人大七次会议上，时任省长楼阳生指出要把文化旅游业加快培育成山西省战略性支柱产业，以国家重大战略为契机，要把山西建成国内一流、国际知名的旅游目的地。2020年6月30日，时任省委书记楼阳生在中共山西省委十一届十次会议上再次指出转型发展是山西的唯一出路，把定好位作为谋划山西未来发展的重要战略问题，其中定位之一即把山西建成国际知名文化旅游目的地。由此可见，山西省旅游产业将迎来黄金发展机遇。晋东南地区的传统村落旅游在山西经济转型的大背景下，在山西打造“三大旅游板块（太行、长城和黄河）”的大格局下必将得到快速发展，研究旅游者在这些乡村旅游情境下的负责任行为有助于实现太行山传统村落旅游业的可持续健康发展。

1.3.2 研究意义

（1）理论意义。

一方面是拓展旅游者负责任行为的研究领域，为旅游者负责任行为研究领域贡献新知识。通过将当前学界重视的旅游者的自然生态环境负责任行为延伸至旅游者对其他旅游领域的负责任行为，拓展当前关于旅游者负责任行为特别是乡村旅游情境下旅游者负责任行为的研究领域，为旅游者负责任行为研究领域贡献新知。

另一方面是通过在市场营销、社会学等学科领域找寻并实证检验有助于促进旅游者在乡村旅游情境中实施各种负责任行为的前因变量，为旅游者负责任行为的现有研究提供新的学科基础和理论视角。

（2）实践意义。

在我国实施乡村振兴、全面建设中国式现代化的背景下，为践行习近平总书记“绿水青山就是金山银山”的理念，以晋东南乡村为案例地研究乡村旅游情境下旅游者负责任行为的驱动机制，包括其环境责任行为的驱动机制、民宿情境下环境负责任行为的驱动机制、红色文化资源负责任行为驱动机制及文明旅游负责任行为驱动机制等，能够为晋东南乡村旅游管理者和经营者提供激发旅游者负责任行为的针对性策略建议，从而促进太行山区传统村落生态环境的保护和乡村旅游的可持续发展。

1.4 研究内容概述与技术路线

1.4.1 研究内容概述

本研究以山西省晋东南地区的乡村旅游地为主要案例地，通过实地调研及问卷调查、观察等方式获取数据资料，在乡村旅游助力乡村振兴的大背景下，系统研究乡村旅游情境下旅游者负责任行为的驱动机制。主要内容按照章节安排如下。

第 1 章为绪论。概述了乡村旅游在中国的发展情况，乡村旅游活动给乡村地区带来的经济、环境及社会文化方面的正负面影响，提出乡村旅游活动给乡村目的地社区带来的负面影响部分是由于旅游者的环境不负责任行为引起的，进而得出乡村旅游情境下研究旅游者负责任行为驱动机制的理论和实践意义，概述本书的研究内容、研究方法和技术路线。

第 2 章为相关研究综述。基于本书的研究需要，主要从旅游者负责任行为的含义及测量、旅游者负责任行为的驱动机制及旅游者负责任行为驱动机制的理论模型三个方面进行了较为系统全面的研究综述。

第 3 章为契合对旅游者环境负责任行为的驱动机制。首先基于市场营销学的顾客契合理论构建了旅游者与乡村旅游目的地之间的契合驱动旅游者环境负责任行为的理论模型，然后采用问卷调查法收集数据、运用层次回归分析法和分组回归分析法对构建的理论模型进行了实证检验，最后得出契合影响旅游者环境负责任行为的心理机制及其边界条件，即契合通过改善旅游者与乡村目的地之间的关系质量而正向驱动了旅游者主动的环境负责任行为，而乡村旅游目的地正面的环境提示可以正向调节契合对旅游者环境负责任行为的影响效应。最后基于上述研究结论对乡村旅游目的地促进旅游者主动自觉的环境负责任行为实施提出了实践管理方面的建议。

第 4 章为乡村民宿情境下旅游者环境负责任行为的驱动机制。本章首先基于旅游者负责任行为理论拓展了对旅游者环境负责任行为的认识，提出包括旅游者自然环境负责任行为、经济环境负责任行为和社会文化环境负责任行为的旅游者环境负责任行为三个维度。然后基于社会学的情感凝聚理论构建了旅游者感知与乡村民宿主之间的情感凝聚对其环境负责任行为的影响，并采用偏最小二乘法结构方程模型实证检验了所收集到的调查数据，得出情感凝聚对旅游者环境负责任行为的正向促进作用。最后研究提出了促进旅游者在乡村民宿情境下实施环境负责任行为的管理建议。

第 5 章为旅游者红色文化资源负责任行为的驱动机制。考虑到晋东南地区的很多乡村，特别是位于武乡县域的很多乡村都是依托红色文旅资源发展乡村旅游，因此以人文地理学的地方依恋理论为基础，构建了红色旅游情境下地方依恋影响旅游者红色文化资源负责任行为的理论模型，并以太行山片区的武乡县域的乡村旅游目的地为案例地收集数据资料，采用结构方程模型进行实证检验，最后得出地方依赖、地方认同和地方情感对旅游者红色文化资源负责任行为影响的不同路径，为乡村旅游目的地促进激发旅游者的红色文化资源负责任行为提供了理论依据和实践启示。

第 6 章为乡村旅游情境下旅游者文明旅游行为意向的驱动机制。研究以规范激活理论为基础，增加了乡村旅游情境下的怀旧情感和乡村依恋两个情感变量，构建了乡村旅游情境下旅游者文明旅游行为意向影响机制的理论模型，然后对晋东南乡村旅游地区收集的数据资料进行了实证检验。结果发现在乡村旅游情境下，后果认知、责任归属、道德规范均与旅游者的文明旅游行为意向正相关；怀旧情感和乡村依恋既能正向影响旅游者的道德规范，也能正向影响旅游者的文明旅游行为意向。最后，提出了乡村旅游目的地增强旅游者对不文明旅游行为消极后果的认知，提高其责任意识和道德规范等促进文明旅游发展的决策意见。

第 7 章为乡村旅游情境下旅游者乡村依恋的促进机制。主要原因在于乡村依恋是乡村旅游情境下旅游者负责任行为的重要驱动机制，对环境负责任行为、红色文化资源负责任行为及文明旅游行为有着普遍的预测力和解释力，因此提高旅游者的乡村依恋成为促进乡村旅游情境下旅游者负责任行为的重要机制。本章内容基于社会学的情感凝聚理论，探讨了旅游者与乡村居民之间短暂的情感凝聚对其乡村依恋的影响，并在此基础上考察地方温暖感知的中介和旅游者自我构念的调节。研究采用三个实验进行了实证检验，结果发现了旅游者感知与乡村居民间的情感凝聚确实有助于提升其乡村依恋水平；旅游者感知的乡村温暖属性提升是情感凝聚作用于旅游者乡村依恋的关键心理机制；旅游者的自我构念类型会调节情感凝聚对其乡村温暖感知和乡村依恋的效应。具体而言，在高情感凝聚下，依赖型（vs. 独立型）自我构念的旅游者感知到更高的乡村温暖，进而形成更高水平的乡村依恋。研究发现在中国乡村旅游情境下情感凝聚确实可以是旅游者乡村依恋的前因，启示乡村目的地借助旅游者与乡村居民间短暂的情感凝聚，提升旅游者的乡村依恋水平。

第 8 章为结论与展望。结合国内外相关研究成果，概述了本研究的主要结论、理论贡献与实践价值；从丰富研究对象、创新研究方法和扩展研究方向三个维度提出了未来的研究领域。

1.4.2 主要研究方法

（1）文献研究法。

文献研究法（Literature research method）是科学研究中最基本的研究方法，主要借助文献资料的搜集、鉴别、整理，并通过对文献具体内容的研究形成对事实的科学认识。文献研究法一般包括五个基本环节：提出研究课题、开展研究设计、搜集相关文献、整理相关文献和进行文献综述。本书中主要通过搜集整理国内外关于乡村旅游发展、乡村旅游活动的影响、旅游者负责任行为等相关领域的研究成果来提出自己的研究主题；然后，在具体乡村旅游情境下旅游者负责任行为的驱动机制研究中，通过文献的归类整理提出我们的研究假设和研究设计。

（2）问卷调查法。

问卷调查法（Questionnaire method）是国内外社会科学研究中较为广泛使用的一种数据资料搜集方法。问卷调查的典型优点是效率高、实施方便、可以以极低的成本收集大量的数据资料。问卷调查收集资料一般服务于描述性研究、理论导向的实证研究等目标。在理论导向的实证研究中，问卷是研究者专门设计的、为搜集课题研究的实证检验材料而以设问的方式表述问题的表格。本书中主要采用问卷法收集测度验证乡村旅游情境下旅游者负责任行为驱动机制的理论模型的相关变量，因此多采用成熟量表设计规范化问卷，采用现场及网络调查的方式进行数据收集。

（3）分层及分组回归法。

回归分析方法（Regression analysis method）是定量研究中最常用的方法之一，是验证变量间是否存在因果关系的一种数学方法。它的原理是基于理论分析构建起变量与变量之间的因果关系假设，然后通过对观测试验数据之间相关关系的分析，观察试验数据是否与理论预期相符的一种研究方法。实践证明，社会科学研究工作中运用回归分析法能够很好地认识社会现象之间的相互影响、相互关联、相互抑制作用。根据研究中自变量的多少回归分析可以分为一元回归分析和多元回归分析。本书中主要采用回归分析法验证理论模型中自变量对因变量的影响效应是否存在，并采用分层回归验证自变量影响因变量的中介机制效应，以及采用分组回归分析验证自变量影响因变量的调节机制效应等。

（4）结构方程模型分析法。

结构方程模型（Structural equation model，SEM）是旅游领域定量研究最常用的方法之一，是用来检验关于观测变量和潜变量，以及潜变量与潜变量之间假设关系的一种多重变量统计分析方法（武晓英等，2021），也就是说，结构方程模型跟回归分析一样，可以用所搜集的数据资料来检验基于理论所建立的假设模型是否成立。结构方程模型的基本思路是：首先根据先前的理论和已有知识经过推论和假设形成一个关于一组变量之间的相互关系的模型，然后对模型中不可直接观测的数据获得一组观测变量（外显变量）数据，基于此数据而形成协方差矩阵。结构方程模型就是要将前面形成的假设模型与样本矩阵的拟合性进行考验，如果假设模型能拟合客观的样本数据说明模型成立；否则就要修正，如果修正之后仍然不符合拟合指标的要求就要否定假设模型。

本书中大量采用结构方程模型验证基于理论推导构建的乡村旅游情境下旅游者负责任行为驱动机制的理论模型，并且由于本书中的一些研究具有理论探索性，因此既有最大方差法的 Amos 结构方程模型方法使用，也采用了偏最小二乘法结构方程模型进行实证研究。

（5）实验法。

实验法（Experiment survey）是近些年在社会科学研究领域逐渐流行的研究方法。实验法的基本逻辑见图 1-3，其核心思想是通过有系统地操纵实验条件自变量，对某些影响实验结果的无关控制变量加以控制，保持个体变量恒定，从而观测与这些实验条件相伴随现象的变化，从而确定条件与现象间因果关系的一种研究策略。可见，实验法是严格控制条件下的观察，能够对社会现象中变量之间的因果关系及其发展变化过程进行较准确的验证，其核心要点包括操纵、控制和随机。根据实验设计方式的不同，实验可分为组内前后测设计、组间对比设计和混合设计等。本书中主要借助组间对比实验设计，即通过实验组和控制组在不同自变量条件下因变量的对照，来确定自变量和因变量之间因果关系的存在性。

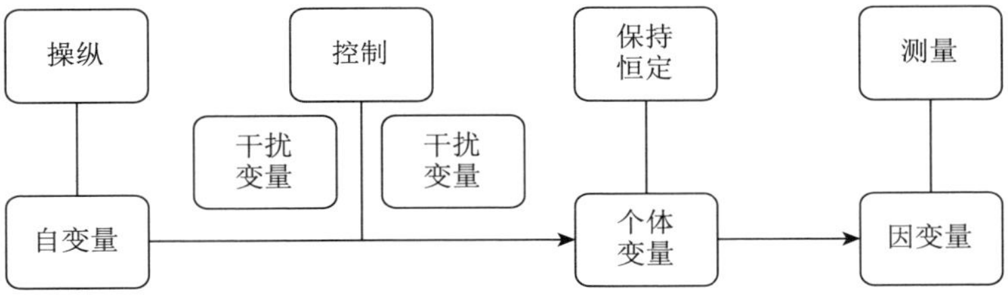

图 1-3　实验法的基本逻辑

1.4.3 研究技术路线

本书的研究技术路线如图 1-4。

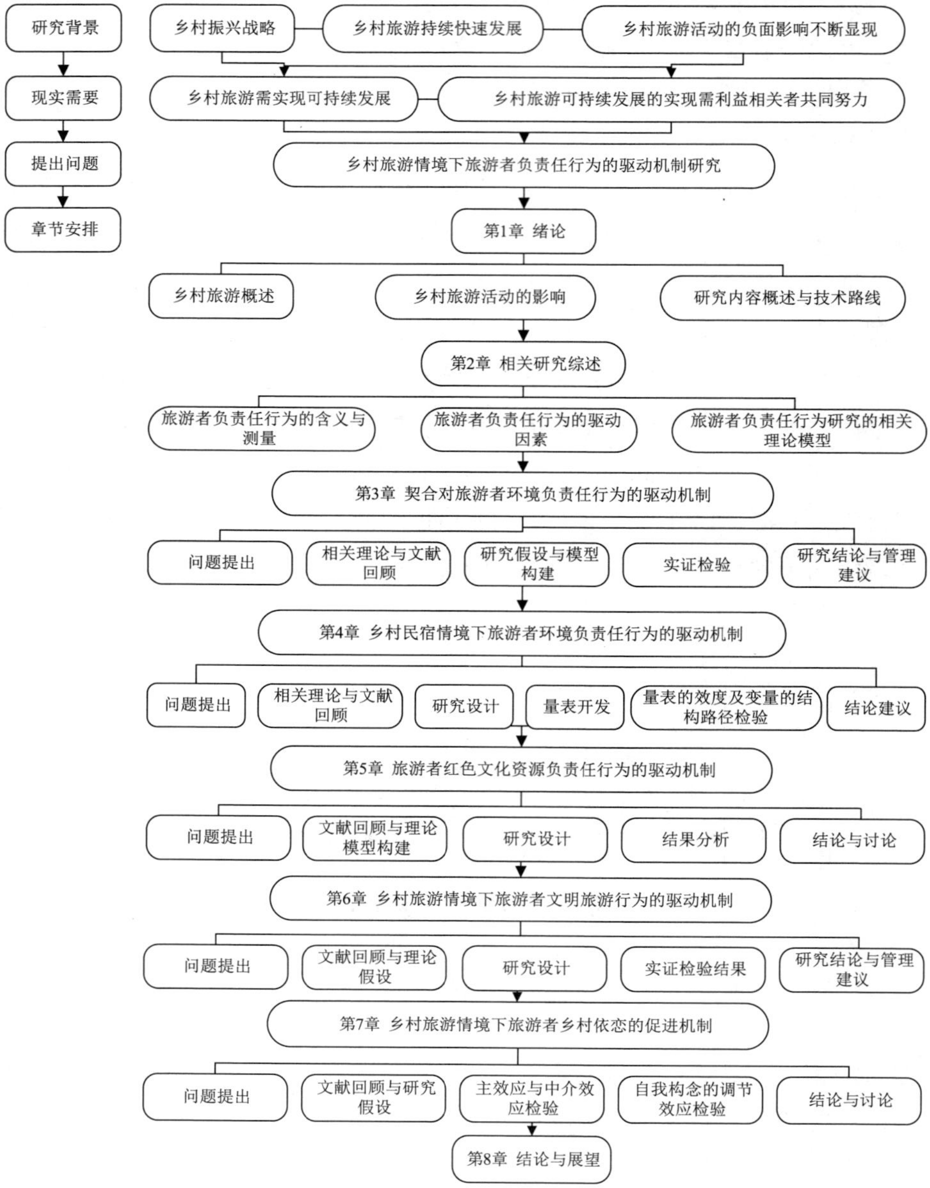

图 1-4 研究技术路线

Part 2

第 2 章　相关研究综述

如前所述，乡村旅游的快速发展给乡村旅游目的地的经济、社会、文化等发展均注入了活力，然而，乡村旅游活动也给部分乡村的生态环境和社会文化环境带来较大的负面影响。而乡村旅游活动的负面影响部分是由乡村旅游者的不负责任行为引起的，因此，引导旅游者在乡村旅游活动过程中实施负责任行为是减少乡村旅游活动的负面影响、促使乡村旅游目的地实现可持续发展的重要抓手。

鉴于旅游者负责任行为在可持续旅游发展中的重要性，大量学者针对旅游者负责任行为特别是其驱动因素展开研究，提出了不同的旅游者负责任行为的形成机制，取得了丰硕的研究成果。纵观现有研究，学者关于旅游者负责任行为的相关研究主要聚焦于以下方面：旅游者负责任行为的含义与测量、旅游者负责任行为的驱动因素、旅游者负责任行为研究的理论模型等。因此，本章将按照上述三个主题梳理当前关于旅游者负责任行为的相关研究。

2.1 旅游者负责任行为的含义与测量

2.1.1 旅游者负责任行为的相关术语及含义

旅游者负责任行为（Tourist Responsible Behavior）源起于负责任旅游（Responsible Tourism）（周晓丽与唐承财，2022），负责任旅游发展方式要求旅游的各利益相关主体均承担起对可持续旅游发展的相应责任（Mathew et al.，2017）。然而，学者研究发现当前关于负责任旅游行为的研究关注的主要是旅游业供给侧包括旅游企业与目的地政府的负责任行为（凌欢等，2021），即旅游企业的社会责任行为、旅游目的地政府的社会责任行为等。旅游者作为目的地的主要利益相关主体之一，理应是负责任旅游的重要组成部分，然而，其负责任行为在负责任旅游的研究中却并没有得到足够的重视（Lee et al，2017）。旅游者的负责任行为是以其旅游活动过程中的行为或行动为基础，强调旅游者为减少其旅游活动的负面影响而采取的对旅游业多方面负责任的旅游活动实践方式（周晓丽与唐承财，2022）。虽然当前也有学者探讨了旅游者的负责任行为，但是相关研究却异常偏颇地重点关注了旅游者的自然环境负责任行为，旅游者对旅游业其他方面负责任行为的相关研究却寥寥无几。

旅游者的环境负责任行为（Tourist Environmental Responsible Behavior）作为当前关于旅游者负责任行为的研究主流，与其相似的概念术语很多，包括旅游者环境友好行为（Tourist Environmental Friendly Behavior）、旅游者亲环境行为（Tourist Pro-Environmental Behavior）、旅游者环境意义行为（Tourist Environmental Significant Behavior）、旅游者生态行为（Tourist Ecological Behavior）、旅游者绿色行为（Tourist Green Behavior）（洪学婷与张宏梅，2016；何学欢等，2017；李志飞与李天骄，2018；邱宏亮等，2018）等。旅游者环境负责任行为及其相关概念术语之间的含义虽有细微差别，如旅游者的环境友好行为一般被界定为旅游者愿意支付高价购买对环境有利的旅游产品和服务的意愿与行为（Song 等，2012）；旅游者亲环境行为强调个体或群体为促进自然资源的可持续利用而有意识地使自己的旅游活动对自然环境的负面影响最小化的行为（Ramkissoon 等，2013；Tonge 等，2015）；旅游者生态行为指旅游者在旅游活动的各环节，包括食、住、行、游、购、娱等活动过程中，以生态文明的方式对待旅游目的地的资源和环境，通过消费活动的生态化来维护旅游地生态系统完整性与稳定性的行为（朱梅，2016）。但总体上看，这些概念术语仍具有较强的共同性，即都强调旅游者通过自己的特定行为活动方式而对目的地自然生态环境负起保护不破坏的义务责任，区别更多地体现在，学者在不同的研究情境下，为了适应研究的情境所需而针对性选择。

基于此，国内学者邱宏亮等（2018）在综述上述术语含义的基础上，总结出了旅游者环境负责任行为的三点特征：一是强调负责任行为的实施主体是旅游者；二是负责任行为的实施环境是目的地这一非惯常环境；三是强调了旅游者负责任行为的丰富内涵，即上述各个术语的特定指向都是环境负责任行为。综合上述学者的相关研究，本研究在后文的使用中均将这些概念术语统称为旅游者环境负责任行为，并将旅游者环境负责任行为界定为旅游者为减少其旅游活动对目的地自然生态环境的负面影响，做出有助于生态环境保护的努力，是旅游者在目的地的旅游活动中采取的履行自身责任、对生态环境负面影响最小化、有助于实现目的地可持续发展的各种行为方式。

可见，当前学者关于旅游者负责任行为的实施领域，非常偏颇地关注了旅游者对自然环境领域实施的负责任行为，其他领域的研究虽然凤毛麟角，但仍有部分学者关注了旅游者对旅游业其他方面的负责任行为。如随着近些年遗产旅游的兴起，遗产资源的不可再生性得到了学术领域和管理实践领域的共同重视，因此，学者逐渐开始关注遗产责任行为，认为需要对遗产资源实施负责任行为的主体包括政府、非政府组织、遗产地管理者、社区居民、旅游者等遗产旅游利益相关者，在这一背景下旅游者实施的遗产资源负责任行为被提出来。黎耀奇等（2019）区别了目的地居民和旅游者对目的地遗产资源负有的不同责任行为，在此基础上，凌欢等（2021）将旅游者的遗产资源负责任行为界定为旅游者对目的地包括文化遗产在内的遗产资源保护负责任的行为。同时，也有部分学者关注了旅游者在其他旅游实践领域实施的负责任行为，如周晓丽与唐承财（2022）将旅游者的红色文化资源负责任行为界定为，在红色旅游情境下，旅游者为最大限度地减少对红色文化资源的负面影响，本着尊重和保护学习的态度而非普通观光游中的最大化享乐态度参观凝视红色文化资源，有助于促进红色文化资源的保护和合理利用的行为即旅游者的红色文化资源负责任行为。

2.1.2 旅游者负责任行为的测量

对旅游者负责任行为进行准确的测量是认识其本质、开展相关定量研究工作的基本前提，因此大量学者在不同的情境下以不同的旅游者样本为对象开发旅游者负责任行为的测量工具。早期学者多开发了测量旅游者负责任行为的单一维度量表，如以旅游者的采花行为倾向测量旅游者在森林游憩区的环境负责任行为（Chang，2010），以生态标签旅游产品的选择意愿测量旅游者在海洋动物表演观赏情境下的环境负责任行为（Chen，2011）等。然而，后来的学者大都采用多维度方法测量旅游者的环境负责任行为，最具代表性的是 Lee 等

（2013）以台湾社区旅游者为对象，通过 3 个实证研究开发的测量旅游者环境负责任行为的多维量表。该量表将旅游者的环境负责任行为划分为 7 个维度，分别是身体力行行为、财务行为、说服行为、公民行为、亲环境行为、可持续行为、环境友好行为，这些维度既涵盖了旅游者在日常生活情境下实施的环境负责任行为，也涵盖了旅游者在非惯常的旅游情境下实施的环境负责任行为，得到后来大量学者的研究借鉴。然而，仍有一些学者认为，旅游者的环境负责任行为应该是旅游者在目的地的旅游情境下实施的负责任行为，不应该强调旅游者在日常环境中实施的负责任行为，因为日常环境中的负责任行为应该属于公民的环境负责任行为，而不应叫旅游者的环境负责任行为。

国内学者邱宏亮等（2018）在研究中指出，国内学者在旅游者环境负责任行为的相关研究中，大多是简单地拿来国外学者的测量量表直接使用，未充分考虑国外量表在中国文化情境下的适用性问题。因此，他以中国本土的旅游者为研究对象，采用扎根理论方法开发了适合中国旅游者的环境负责任行为量表，该量表将旅游者的环境负责任行为分为遵守型环保行为、消费型环保行为、节约型环保行为及促进型环保行为 4 个维度，共 18 个测量题项（表 2-1）。该量表的测量题项能够全面、准确地剖析综合旅游情境下中国旅游者的环境负责任行为特征，其中遵守型环保行为和促进型环保行为 2 个子维度测量的是旅游者在目的地或景区游览过程中的环境负责任行为，而消费型环保行为和节约型环保行为 2 个子维度测量的是旅游者在旅游企业消费过程中的环境负责任行为。后来学者的研究大都基于自己的研究情境所需，选择适合自己研究目标的某一维度或某几个维度组合来测量旅游者的环境负责任行为。

表 2-1　旅游者环境负责任行为测量量表

构念	子维度	观测题项
旅游者环境负责任行为	遵守型环保行为	旅游者会遵守旅游景区的游览规定
		旅游者不破坏景区的环境卫生
		旅游者会爱护景区的动植物
		旅游者爱护旅游地的景观文物与旅游设施

续表

构念	子维度	观测题项
旅游者环境负责任行为	消费型环保行为	旅游者主动选择旅游地的当季食物
		旅游者倾向选择旅游地的绿色酒店或环保民宿
		旅游者倾向选择旅游地的绿色生态食品或有机食品
		旅游者在旅游地选择重视环保的商店或餐厅消费
		旅游者选择简易包装的土特产或旅游纪念品
	节约型环保行为	旅游者会节约用电
		旅游者会节约用水
		在旅游活动过程中，旅游者选择徒步、使用当地的公共交通或非机动交通工具
		旅游者使用可循环利用的物品
		旅游者倾向于减少食物的浪费
	促进型环保行为	旅游者鼓励同行的其他旅游者实施环境负责任行为
		旅游者提醒其他同行的旅游者不要破坏景区环境
		旅游者会主动捡起其他旅游者在旅途中遗留的垃圾
		旅游者劝导甚至制止其他同行旅游者的景区环境破坏行为

资料来源：邱宏亮，周国忠．旅游者环境责任行为：概念化、测量及有效性［J］．浙江社会科学，2017.

除了对旅游者环境负责任行为的相关测量量表开发，在旅游者遗产资源负责任行为领域，学者黎耀奇（2019）和 Gursoy（2019）等也开发了相应的测量量表，如黎耀奇基于中国文化背景，以世界自然与文化双遗产地武夷山为案例地，开发了包括 29 个测量题项、6 个维度的旅游者遗产资源负责任行为（表 2-2）。后来学者在研究中也大都基于自己的研究情境选择部分题项测量旅游者的遗产资源负责任行为，如凌欢等（2021）选择了“我会详细了解旅游地的遗产”“我会和同行的亲朋好友谈论旅游地的遗产”“我会尝试说服同行的亲朋好友采取对旅游地的遗产有利的行为”“看到有人破坏旅游地的遗产时，我会阻止或向管理方报告”“我会参与旅游地的遗产保护活动”“我会遵守旅游地的遗产保护和管理规定”“我有责任保护旅游地的遗产”7 个题项测量旅游者的遗产资源负责任行为，也得到了后来学者的研究采纳（巨英英与程励，2023）。

表 2–2　旅游者遗产资源负责任行为测量量表

构念	子维度	观测题项
旅游者遗产资源负责任行为	遗产保护行为	我不应该破坏遗产的物质环境，如建筑物、自然环境等
		我应该尽量减少使用遗产地的稀缺资源
		我应该参与并支持制定政策，避免破坏遗产地社会和环境的行为
		我应该欣赏并保护这个遗产
	尊重遗产行为	我应该尊重遗产地特殊的自然和文化
		我认为自然遗产和文化遗产都应该传递给下一代
		我应该尊重遗产的特殊性，如不能故意冒犯其宗教信仰或者其风俗习惯
		我应该珍惜遗产
	遗产知识传递行为	我应该向更年轻的一代传递遗产知识
		我应该告诉别人有关遗产的故事
		我应该学会识别这个遗产的特殊性
		当我向别人传递有关遗产的知识时，我不应该随意篡改
		我应该与遗产互动并参与其中
	遗产认知行为	我应该知道与这个遗产相关的知识
		我应该主动学习与这个遗产有关的知识
		我应该知道哪些行为对遗产是不适当的
		我应该学习哪些做法能降低对遗产的影响
	经济支持行为	遗产地很特殊、脆弱，容易被破坏
		我应该通过经济支付手段，如购买商品和纪念品等来保护遗产
	对他人的态度	我应该鼓励别人做对遗产有益的事情
		我应该制止别人破坏遗产的行为
		我应该通过非经济性质的行为如通过写信、演讲等来推动遗产的保护
		我应该告诉别人在参与遗产旅游时正确的行为方式

续表

构念	子维度	观测题项
旅游者遗产资源负责任行为	对他人的态度	当受到遗产地居民的友好对待时，我应该要给出回应，如支付一定的费用、微笑、表达感谢等
		我应该去接触遗产地的居民，了解他们的生活方式
		我应该尽可能地为遗产地做出经济贡献
		我应该关心他人，如同伴和当地居民的健康和福利
		我应该关心他人的安危
		我应该意识到在遗产面前，我们都可以平等地享受和欣赏它

资料来源：黎耀奇，王雄志，陈朋．基于游客与居民视角的遗产地遗产责任量表开发与检验［J］．旅游学刊，2019.

可见，已有大量学者开发了测量旅游者负责任行为的相关量表，虽然不同的量表有不同的情境差异和对象差异，但是内涵倾向具有相对的一致性，因此，大量学者在研究过程中只是针对自己的研究情境和需要进行选择并结合情境进行微调。总之，学者在旅游者负责任行为的界定和测量等方面做出的丰富研究，为后续学者定量研究旅游者负责任行为的前因和后效等相关研究奠定了坚实的理论基础。

2.2 旅游者负责任行为的驱动因素

由于旅游者积极主动实施负责任行为对负责任旅游的实现具有重要作用，因此，大量学者的研究都聚焦于探讨旅游者负责任行为的前因，即旅游者负责任行为的驱动因素及其作用机制。且与旅游者负责任行为的概念界定一致，当前关于旅游者负责任行为的前因研究也都非常偏颇地较多关注了旅游者的自然环境负责任行为的前因，因此，本部分内容重点梳理与旅游者环境负责任行为驱动机制相关的研究。综观现有研究，学术界形成了旅游者个人因素、旅游目的地或景区情境因素及人地关系因素对旅游者环境负责任行为的驱动作用机制的丰富研究成果。

2.2.1 旅游者个人因素对其环境责任行为的驱动作用

早期大量学者基于环境心理学从旅游者的个人视角研究旅游者个人因素如人口统计、个体环境认知、环境情感及道德规范等因素对其环境负责任行为的影响。

在人口统计因素上，大量的研究分析了性别、年龄、受教育程度等统计因素对旅游者实施环境负责任行为的影响差异。如关于性别的影响，主流研究大都认为旅游者的环境负责任行为存在显著的性别差异，即女性可能比男性更倾向于实施环境负责任行为。特别是学者 Zelezny 等（2000）专门研究了环境负责任行为在性别因素上的差异性，他们以不同国家的中小学生、本科生为样本的调查均证实了女生在环境关心、环境态度及环境负责任行为上都显著地优于男生。至于原因可能与女性更敏感的情绪易感性有关，即女性可能更容易对环境问题产生自然共情，也就更倾向于实施环境负责任行为。但关于年龄因素与环境负责任行为的关系，学术界的研究结论并不一致，既有研究认为年龄与旅游者的环境负责任行为正相关，也有研究认为年龄与旅游者的环境负责任行为负相关。针对此矛盾结论，2013 年学者 Wiernik 等以 SSCI 期刊上 214 篇有关年龄与环境负责任行为的相关研究为样本展开元分析，结果发现年龄与环境负责任行为的关系因环境负责任行为的类型而存在差异：如果是与环境知识和环境意识相关的环境负责任行为，则年龄与环境负责任行为负相关，因为综合研究发现年龄与环境知识、环境意识存在负相关关系；但如果是与环境动机和环境负罪感相关的环境负责任行为，则年龄与环境负责任行为正相关，因为综合研究认为年龄与环境动机和环境负罪感存在正相关关系。同时，主流研究大都认为受教育程度与旅游者的环境负责任行为存在正相关关系，可能的原因在于随着受教育程度的提高，旅游者将获取到更丰富的环境知识和环境技能，从而表现出更强烈的环境关心和环境负责任行为倾向（Chankrajang 与 Muttarak，2017）。随着研究的推进，后来的研究大都把性别、年龄及受教育程度等旅游者个人因素作为研究中的控制变量进行处理，体现了旅游者个人因素对其环境负责任行为的重要预测作用。

个体环境认知和环境情感对其环境负责任行为的影响方面，早期学者大都基于理性人的假设认为旅游者的环境态度、环境知识、环境意识、价值观念等环境认知因素对其环境负责任行为具有积极驱动作用。如柳红波（2016）以大学生为研究对象，调查了大学生环境意识与其环境负责任行为之间的相关关系，实证检验结果发现大学生的环境意识确实有助于正向预测大学生的环境负责任行为；段正梁等（2021）以岳麓山风景区的旅游者为调查对象，也验证了旅游者生态价值观对其环境负责任行为的积极驱动作用。然而，随着研究的深入，越来越多的学者认为旅游者的环境负责任行为决策属于有限理性决策，特别是旅游的非惯常情境性决定了旅游者的旅游行为并非受理性控制，而更多的是感性因素决定，因此环境认知因素等对旅游者环境负责任行为的预测力和解释力比较有限，而个体环境情感等情感因素对旅游者环境负责任行为的驱动作用及机制应该受到重视，因此越来越多的学者转向基于情感因素特别是情理合一路径研究旅游者负责任行为的驱动机制，如学者验证了旅游者的敬畏情绪（祁潇潇等，2018）、幸福感（高杨等，2020）、怀旧情感（张圆刚等，2019）等情感因素对其环境负责任行为的积极推动作用。

与此同时，很多学者认为虽然个体规范和社会规范等道德规范因素的效力弱于法律规范，但道德规范对个体的态度和行为也有一定的约束和指导作用，因此学者们研究了道德规范与旅游者环境负责任行为之间的关系，也验证了道德规范与旅游者环境负责任行为之间的正相关关系（Lind 等，2015）。特别是在中国的集体主义文化背景下，道德规范对个体态度和行为的解释力比西方个人主义文化背景下更甚，因此，国内学者验证了道德规范对旅游者环境负责任行为的预测力，如李秋成（2014）以西溪湿地旅游者为对象的研究验证了群体规范与旅游者环境负责任行为之间的正相关关系，王华与李兰（2018）以观鸟旅游者为对象的实质研究也验证了群体规范对观鸟旅游者环境负责任行为的正向驱动作用，吕丽辉和汪燕（2023）以杭州天目山风景区为案例地，验证了道德规范对旅游者环境负责任行为的正向影响作用。

总体来看，以旅游者个人因素作为驱使旅游者环境责任行为发生的影响因素，体现了旅游者日常生活中的环境负责任行为向旅游活动过程中的延伸。但大部分研究是“无预设情境”，缺少了旅游情境即“非惯常环境”的考量。然而，旅游活动并非发生在真空之中，旅游活动发生的真实社会情境会对旅游者环境负责任行为的驱动因素及环境负责任行为本身都产生重要影响。而非惯常环境下的旅游者在旅游活动中很可能会出现环境态度改变或道德规范弱化等现象，常常导致旅游者个人因素在影响其环境负责任行为发生中的作用被降低甚至消失。因此，越来越多的学者开始关注旅游情境因素对旅游者环境负责任行为的影响。

2.2.2 旅游情境因素对旅游者环境负责任行为的驱动作用

如上所述，旅游者环境负责任行为的发生情境是旅游目的地这一非惯常环境，相比惯常环境，旅游者在非惯常环境下存在信息雷同、信息过载与信息模糊等信息混乱特征，会给旅游者的态度和行为带来一系列深远影响（管婧婧等，2018），致使旅游者的态度和行为在惯常环境与非惯常环境下表现出明显的差异性。如夏赞才与刘婷（2016）等认为旅游世界作为日常生活世界的溢出，其存在一系列的不确定性，而这些不确定性引发了旅游者的“责任不确定性”，使得旅游者在目的地的旅游行为表现不同于惯常环境下的行为表现；张凌云（2009）则认为，是由于旅游者在非惯常环境下的身份匿名性，导致旅游者容易产生责任感下降的倾向，出现惯常环境下较少出现的行为失范现象；管婧婧等（2018）则认为是由于非惯常环境下的信息不完整性带来旅游者行为的异化，出现旅游者行为的二元论。由此可见，忽略旅游者行为发生的非惯常环境，单纯将惯常生活情境下消费者环境负责任行为的驱动因素迁移至旅游情境下，存在很多不确定性，因此，越来越多的学者关注旅游情境因素对旅游者环境负责任行为的驱动作用。

由于旅游者的环境负责任行为与环境不负责任行为正如一个硬币的正反面，因此激发旅游者的环境负责任行为与约束旅游者的环境不负责任行为会达到殊途同归的效果。基于此，一方面，关注旅游目的地情境因素对旅游者环境负责任行为影响的研究，多是基于管理学从目的地的管理角度研究旅游情境因素对旅游者环境不负责任行为的抑制作用，主要观点在于由于旅游者在目的地的非惯常环境下存在非理性行为，因此目的地可以直接通过环境管理制度、环境政策等手段约束旅游者的环境不负责任行为。如余晓婷等（2015）对旅游者环境负责任行为驱动因素的研究结论认为，景区的环境政策是旅游者环境负责任行为的六大类影响因素之一，其作用就在于通过约束旅游者的环境不负责任行为促进景区的可持续发展；黄涛等（2018）也验证了景区环境政策对旅游者环境不负责任行为的约束作用。另一方面，学者基于刺激—机体—反应理论，认为个体行为是个体受环境刺激后做出的反应，因此旅游活动发生的非惯常环境对旅游者环境责任行为有刺激作用，研究表明目的地诸多情境因素都可以影响旅游者环境责任行为的发生。如刘如菲（2010）以九寨沟为案例地，研究旅游者环境负责任行为的影响因素，发现景区的环境质量会影响旅游者的环境负责任行为，在良好、未被破坏的景区环境里，旅游者也会为保持景区的环境质量而克制自己的环境不负责任行为，而在环境质量较差的旅游景区或旅游目的地，旅游者也会基于破窗理论而继续实施环境不负责任行为；陈虎等（2017）研究了历史街区旅游意象对旅游者环境负责任行为的影响，发现历史街区景观的真实性、保存性、设施与服务性、消费性、环境与安全性等因素都对旅游者的环境负责任行为具有正向驱动作用；同时，还有学者研究了目的地的某一感官环境维度如目的地的声音景观质量对旅游者环境负责任行为的影响（仇梦嫄等，2017），验证了厦门鼓浪屿的声音环境对旅游者环境负责任行为的积极驱动作用。另外，最新的研究还发现，旅游目的地通过营造旅游者环境负责任行为的软硬件氛围，为旅游者构建实施环境负责任行为所需的制度、工具和信息支持等社会支持系统，能够使身处异地他乡的旅游者感受到目的地对其环境负责任行为的关注、重视和认可，也有利于促进旅游者实施环境负责任行为（陈阁芝等，2023）。乡村旅游情境下，研究者也发现传统村落的原真、传统、古朴等真实性特征能够满足旅游者的短暂避世、回归乡野等真实性心理体验诉求，因此对旅游者的环境负责任行为产生了正向驱动作用（金红燕等，2022）。

基于管理学视角对旅游者环境负责任行为的研究验证了目的地政策、管理手段、环境设施及环境质量等因素对旅游者环境负责任行为的影响，研究结论也能够为目的地促进旅游者环境负责任行为的实施或抑制旅游者的环境不负责任行为提供富有针对性的管理建议。然而，当前此方面的研究有点过于依赖目的地的管理政策和手段，出发点往往在于限制旅游者的环境不负责任行为，而忽视了旅游者主动实施环境负责任行为的倾向性和可能性。

2.2.3 人地关系对旅游者环境责任行为的驱动作用

近年来，越来越多的学者基于地理学从人地关系视角探讨地方依恋等因素对旅游者环境责任行为的影响。此类研究侧重旅游者恋地情结对其行为的影响，认为恋地情结是旅游者对旅游目的地的认知、情感和行为倾向，反映了旅游者与目的地之间的情感亲密程度，能够对旅游者的态度和行为包括旅游者的环境负责任行为产生影响，因此成为近期该研究领域的热点。大部分研究证实地方依恋的两个维度——地方依赖和地方认同对旅游者环境责任行为存在正向影响，但也有部分研究认为地方依赖对旅游者环境负责任行为的影响并不显著（Tonge等，2015）。

此视角的大量研究里，区别主要在于学者对地方依恋的变量类型处理存在差异，如部分学者直接将地方依恋作为自变量，研究地方依恋对旅游者环境负责任行为的影响，也证实了地方依恋驱动旅游者环境负责任行为的有效性和普适性，即在不同的旅游情境下，针对不同的旅游者类型，地方依恋都能有效促进旅游者环境负责任行为的实施。如 Halpenny（2010）以公园游客为调查对象，研究了公园游憩情境下地方依恋对旅游者环境负责任行为的影响，发现地方认同显著影响旅游者环境责任行为，地方依赖则通过地方认同的中介作用间接影响旅游者的环境负责任行为；国内学者李文明（2019）以观鸟旅游者为调查对象，实证检验了观鸟旅游者的地方依恋对其环境负责任行为的正向影响，并发现了自然共情和环境教育感知在地方依恋影响旅游者环境负责任行为中的中介作用；霍红等（2023）区分了旅游者地方依恋的两个维度，发现地方认同和旅游者心理所有权在地方依赖与旅游者的环境负责任行为之间发挥链式中介效应。但更多的学者将地方依恋作为中介变量，研究地方依恋在其他自变量影响旅游者环境负责任行为中的中介作用：如国内学者祁潇潇等（2018）以宗教山岳型景区旅游者为对象的研究发现，地方依恋的两个维度——地方认同和地方依赖在敬畏情绪与旅游者的环境负责任行为之间发挥链式中介作用；万基财等（2014）以九寨沟旅游者为对象的研究也发现，九寨沟的地方特质对旅游者地方依恋的建构有重要影响，而地方依恋的建构又直接促进了旅游者环境负责任行为的实施，即地方依恋在九寨沟地方特质与旅游者的环境负责任行为之间发挥中介作用；吴若云等（2019）以三江源国家公园为例的研究同样发现，地方依恋联系了旅游者地方性知识需求与其环境负责任行为之间的关系。张圆刚与余润哲（2020）等采用元分析方法，对国内学者关于旅游者环境负责任行为影响因素的研究进行综合分析，并系统研究了不同影响因素的效用强度差异，结果发现地方依恋是旅游者环境负责任行为的重要影响因素之一，其对旅游者环境负责任行为的影响效应值达 0.480，仅次于满意度对旅游者环境负责任行为的作用效果。

基于地方依恋理论对旅游者环境负责任行为的相关研究，强调了旅游者对目的地的依恋和认同对其环境责任行为的积极影响，但是如何提升旅游者的地方依恋水平，强化人地之间的关系联结强度，进而促使旅游者主动地实施环境负责任行为，则成为当下研究亟须解决的关键性问题。然而，当前关于旅游者地方依恋的后效研究关注较多，而如何提升旅游者的地方依恋，即关于旅游者地方依恋前因的相关研究较少，且研究结论并不一致。因此本书后文将专门设立一章内容，研究乡村旅游情境下旅游者地方依恋的成因。

2.2.4 乡村旅游情境下旅游者环境负责任行为的相关研究

伴随着我国乡村旅游的持续快速发展，乡村旅游活动在给乡村发展带来活力的同时，对乡村自然资源和生态环境也产生了极大的消耗与冲击。鉴于乡村自然资源和生态环境的敏感性与脆弱性，实现乡村旅游绿色、可持续发展成为近年来学界和业界关注的重点。旅游者作为乡村旅游活动的重要利益主体，其环境负责任行为成为近些年学者的研究热点，取得了一系列的研究成果。

朱学同等（2020）以安徽省巢湖市三瓜公社为案例地，研究乡村旅游者旅游感知价值、地方依赖、地方认同与乡村旅游者环境责任行为之间的关系，证实了乡村旅游地旅游者的旅游感知价值和地方依恋感是其环境负责任行为的重要影响因素，通过提升旅游者的感知价值和强化旅游者的地方依恋情感，可以有效促进乡村旅游者产生保护环境的负责任行为态度和倾向。张玉玲等（2017）聚焦于乡村旅游者多维度的地方特征感知与旅游者环境责任行为之间的关系研究，得出在乡村旅游目的地应该注重从维护乡村地区环境质量、田园景观等方面引导不同经济群体通过高质量的自然环境体验激发实施“不跨越栈道”“不乱丢垃圾”等易实施环境责任行为；同时通过增加可体验的文化旅游项目、地方文化解说等方式，提高中、低经济群体对地方文化景观的感知程度，从而实现能够激发阻止他人乱丢垃圾等挑战性环境负责任行为等研究结论。李志飞等（2018）基于计划行为理论研究乡村旅游者环境负责任行为的驱动因素，得出乡村旅游地旅游者的行为态度、感知行为控制、主观规范、地方依恋等因素都对乡村旅游者环境负责任行为具有正向驱动作用。孔艺丹等（2020）以刺激—情感—行为理论为基础，以南京市江宁区为案例地，研究了旅游者对乡村旅游地的乡村性感知影响其环境责任行为的机制，结果发现乡村旅游地旅游者的乡村性感知可分为社区参与感知、地域条件感知、乡村文化感知、农业经济感知和乡村景观感知 5 个维度，环境负责任行为可分为遵守型环境负责任行为和主动型环境负责任行为 2 个维度，乡村景观感知与乡村文化感知直接影响乡村旅游者的遵守型环境负责任行为，乡村景观感知是乡村性感知各要素中驱动旅游者主动型环境负责任行为的最重要因素。

学者们以乡村旅游目的地为情境，基于不同的理论视角探讨了乡村旅游地旅游者环境负责任行为的形成机制，为本书后文章节内容的研究奠定了良好的基础。然而，现有研究仍多基于理性行为主义理论视角。虽然随着近些年的消费者行为研究逐渐转向情理合一路径，旅游者环境责任行为的相关研究也开始关注情感因素如地方依恋等对旅游者环境负责任行为的预测。然而，旅游活动作为本身充满情感特征的体验经历，仍需深入思考对乡村旅游者环境负责任行为具有驱动作用的其他情感构念。

综上，当下关于旅游者环境负责任行为驱动机制的研究，主要聚焦于旅游者对目的地的自然生态环境负责任的行为驱动机制，而其他领域的负责任行为，如红色文化资源负责任行为、遗产资源负责任行为及旅游者的文明旅游负责任行为的相关研究还非常少，因此，在此不再专门综述相关研究。

2.3 旅游者负责任行为研究的相关理论模型

当前，关于旅游者负责任行为驱动机制的常用分析框架包括计划行为理论、规范激活理论、价值观—信念—规范理论、刺激—机体—反应理论等。其中，计划行为理论、规范激活理论、价值观—信念—规范理论等强调个体规范目标等对其负责任行为的解释力和预测力，这些理论之所以可以用来解释旅游者的负责任行为是因为旅游者负责任行为是其日常生活环境中负责任行为向旅游情境下的迁移，个体因素既然是消费者负责任行为的重要影响因素，当然旅游者自身的个体因素也是其旅游情境下负责任行为实施的重要预测变量。而刺激—机体—反应理论特别强调旅游情境因素对旅游者负责任行为的影响作用，突出强调了旅游者负责任行为实施的非惯常环境这一情境因素。因此，本节内容将综述并介绍这些经典的相关理论。

2.3.1 计划行为理论

计划行为理论（The Theory of Planned Behavior，TPB）由理性行为理论（The Theory of Reasoned Action，TRA）发展而来。理性行为理论是学者 Fishbein 和 Ajen 于 1975 年基于理性人的假设而提出、用以解释个体认知决策行为的经典理论，该理论认为个体行为会受到个体行为意向的影响，而行为意向又受到个体行为态度和主观规范这两个变量的影响。然而，理性行为理论没有考虑到在部分情境下个体行为不受个体控制的情形，如个体有购买有机生态产品的正向行为态度和主观规范，然而，个体却缺少必要的资金购买该有机生态产品，那么个体的行为态度和主观规范就无法转化成个体的实际购买行为。因此，1985 年 Ajen 将第三种非意志行为影响因素——知觉行为控制（Perceived Behavior Control，PBC）引入理性行为理论，由此构建了后来被学者广泛采纳的计划行为理论模型，该理论模型的核心变量及其之间的相互关系如图 2-1 所示。

计划行为理论包含三个预测行为意向和行为的独立变量要素：行为态度、主观规范和知觉行为控制。行为态度代表了个体执行某行为的积极或消极态度评价，即个体会评估某行为倾向的利弊好坏。根据计划行为理论，个体对某行为的态度越积极，执行该行为的意愿就会越强烈。主观规范是个体感知到的执行或不执行某种特定行为的社会压力，人都是社会性动物，行为会受到身边其他相关群体所持态度的影响，本质上来看，主观规范是一种社会规范。根据计划行为理论，个体对某种特定行为的主观规范越积极，执行该行为的意愿就会越强烈。感知行为控制则代表了个体对实施某特定行为难易水平和内外部客观因素的主观评价，根据计划行为理论，个体对某特定行为的控制感越强，意味着他认为实施这种行为的难度不大，因此执行该行为的意愿就会越强烈。计划行为理论重点关注行为态度、主观规范和感知行为控制三个变量对个体行为意向和实际行为的正向预测作用，而关于行为意向到实际行为的转化上，计划行为理论则认为是一种顺畅转化，因此未探讨行为意向与实际行为之间的重大差距。

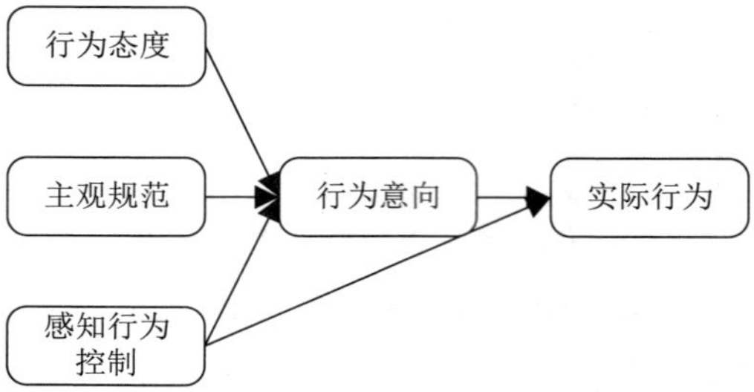

图 2-1　计划行为理论模型

计划行为理论自提出之后，在消费者行为领域得到了广泛应用，旅游者负责任行为研究领域，也有大量学者基于该理论探讨旅游者负责任行为的驱动机制，验证了该理论对不同情境下旅游者负责任行为的解释能力和预测能力。Han 与 Kim（2010）基于计划行为理论预测了酒店消费者选择入住绿色酒店的决策，发现酒店消费者对入住绿色酒店的态度、主观规范及知觉入住绿色酒店的行为控制都正向影响其绿色酒店的入住意向，进而影响到其入住行为。张健华和余建辉（2010）基于计划行为理论，探究自然风景区内旅游者的环境不负责任行为，认为旅游者对环境不负责任行为的态度、主观规范、知觉行为控制、景区内部其他人员的环境不负责任行为、景区管理水平、旅游者满意度及其人口统计学特征都会影响旅游者环境不负责任行为的意向，进而影响其实际行为的发生。杨占东等（2023）基于计划行为理论探讨露营旅游者的环境负责任行为，发现环境恢复性感知和不留痕迹的环境态度正向影响旅游者的环境负责任行为。另外，大量学者拓展了计划行为理论研究旅游者的环境负责任行为，如周玲强等（2014）以杭州西溪国家湿地公园为研究案例地，基于改进的计划行为理论模型（将“地方依恋”和“感知行为效能”两个因素纳入计划行为理论模型）解释和预测旅游者环境负责任行为的意向，发现旅游者对自身实施环境负责任行为的得失评估会影响其负责任行为的实施意向，感知行为效能和旅游者与目的地之间的情感纽带直接显著影响其环境负责任行为的实施意愿。黄涛等（2018）基于扩展的计划行为理论模型（将“价值观”和“景区政策”变量纳入计划行为理论模型）探讨旅游者环境负责任行为的形成机制，验证了该拓展模型在解释旅游者环境负责任行为上的有效性。

2.3.2 规范激活理论

规范激活理论（Norm Activation Model, NAM）最早由美国学者 Schwartz 于 1977 年在研究个体亲社会行为决策时提出，根据规范激活理论，个体亲社会行为的选择实施并不仅仅受物质利益或社会名誉影响，Schwartz 认为个体实施亲社会行为的决策过程会激活自己的个人规范，受自己的道德义务感驱使。Schwartz（1977）认为，个人规范是个体在长期社会交往过程中所获得的有关“好”和“坏”的评判准则，是个体对社会规范与期许的一种内化。规范激活理论认为对后果认知与责任归因的评估能够“激活”或增强个体内在的这种道德规范和道德感，从而促使他们去实施亲社会行为。基于此，学者构建了 NAM 理论的 3 个核心变量：个人规范、后果认知、责任归因。然而，学者对个人规范、后果认知和责任归因 3 个核心变量之间的内在逻辑关系认识并不一致。Steg 和 De Groot（2010）通过大量的文献梳理，将 NAM 理论 3 个核心变量之间的因果逻辑关系归类为以下三种（图 2–2）：①模型 1 可以看出，学者认为个人规范直接影响个体亲社会 / 环境行为意向 / 行为，但责任归因与后果认知两个核心变量会调节个人规范对其亲社会 / 环境行为意向 / 行为的影响效果；② 模型 2 可见，后果认知直接影响责任归因，责任归因又直接影响个人规范，最后由个人规范直接影响个体的亲社会 / 环境行为意向 / 行为，即责任归因与个人规

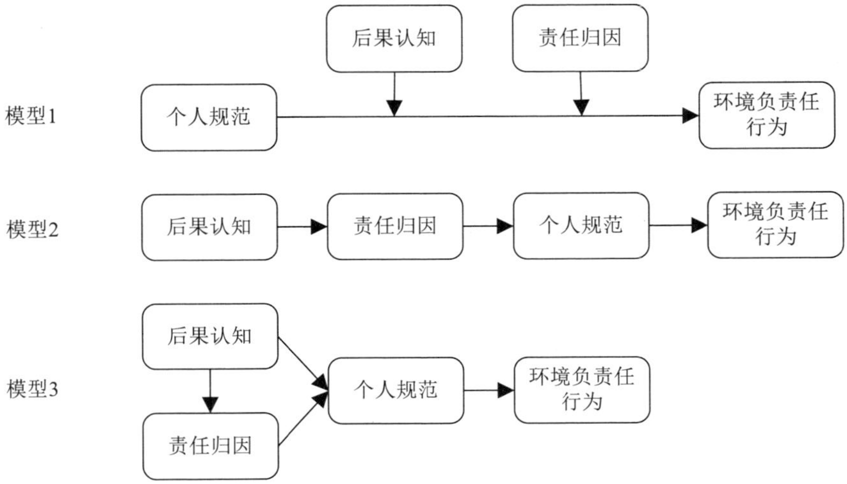

图 2–2　规范激活理论的三种模型

范在后果认知与个体亲社会 / 环境行为之间发挥链式中介作用；③ 模型 3 可见，责任归因与后果认知可以同时影响个人规范，个人规范又进一步影响个体亲社会 / 环境行为意向 / 行为。总体来看，个人规范对个体亲社会行为的驱动作用得到了学界共识。

本质上来说，旅游者负责任行为也是一种利他主义的亲社会行为（邱宏亮等，2018）。因此，学者广泛采纳 NAM 理论来研究旅游者负责任行为意向或实际行为，也验证了 NAM 理论对旅游者负责任行为良好的预测和解释能力。如环境负责任行为领域，学者 Gao 等（2016）以中国两大世界自然遗产地——丹霞山和武陵源风景区为案例地，基于规范激活理论调研旅游者的环境负责任行为，结果发现旅游者对环境不负责任行为消极后果的认知会影响其责任归因，责任归因又影响到旅游者的个人规范，然后进一步影响到旅游者的环境负责任行为意向，即旅游者对环境不负责任行为的后果认知作用于其环境负责任行为的机制符合上述模型 2 的作用路径。Han 与 Hyun（2017）整合计划行为理论和规范激活理论，构建并验证了计划行为理论和规范激活理论对旅游者环境负责任型博物馆选择决策的解释力。在旅游者的遗产负责任行为研究领域，凌欢等（2021）也整合了计划行为理论和规范激活理论探究旅游者的遗产负责任行为，构建并实证检验了利他主义价值观—结果认知—责任归因—道德规范—遗产负责任行为与利他主义价值观—结果认知—行为态度 / 感知行为控制—遗产负责任行为的不同旅游者遗产负责任行为的形成机制。

2.3.3 价值观—信念—规范理论

Stern 等（1999）针对环境负责任行为的实施情境，在规范激活理论的基础上，整合价值观理论（Value Theory）及新生态范式（New Environmental Paradigm, NEP）视角，提出了价值观—信念—规范理论（Value-belief-norm Theory, VBN）。根据 VBN 理论（图 2-3），个体的行为是价值观、信念和个人规范综合作用的结果，即个体的信念（包括结果意识和责任归因两个变量）由个体的世界环境价值观（包括利己价值观、利他价值观和利生物圈价值观）驱使，然后激活个体规范，并进一步影响消费者的环境负责任行为意向或实际行为，即 VBN 理论遵循“价值→信念→规范→环境行为”的作用路径。价值观是 VBN 理论研究的重点，围绕“人类与自然环境之间的关系”这一争论，Stern

（2000）提出利己价值观、利他价值观和利生物圈价值观三种环境价值观，利己价值观强调以人类为中心，被认为是破坏生态系统平衡及其他各种环境问题的根源，而利生物圈价值观关注所有生命体的共同利益，强调生态系统和动植物的价值与权利，倡导人要尊重自然，敬畏自然，要与自然和谐相处。VBN 理论认为不同的世界环境价值观会影响人们对人类行为的环境结果意识、责任归属及环境责任道德义务感，进而引发四种不同的环境显著行为：激进的环境行为、非激进的公共环境行为、组织里的环境行为和私人领域的环境行为。

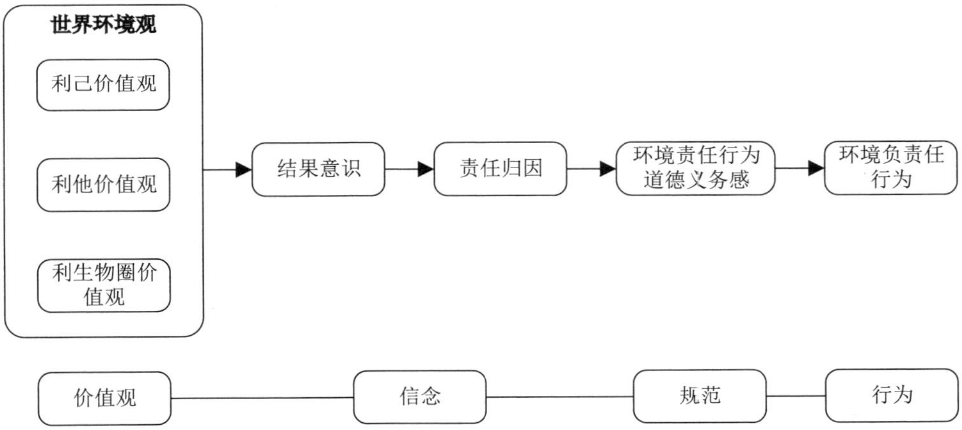

图 2–3　价值观—信念—规范理论模型

VBN 理论提出之后，被广泛应用于研究消费者的绿色行为、环保行为、低碳消费行为等与环境问题密切相关的研究上，因为 Stern 等（1999）认为，公众支持是应对各种社会、环境问题的最重要的支持力量之一，需要通过公众的价值观、信念、个人规范教育等调动公众对环境问题的积极应对策略，从而解决当前的环境危机。在旅游者的环境负责任行为研究领域，有大量研究证明了 VBN 理论的适用性。如 Riper 与 Kyle（2014）以美国国家公园为研究情境，应用 VBN 理论对公园旅游者的环境负责任行为开展实证研究，结果发现旅游者如果持利己价值观，则他们的环境道德规范就比较薄弱，而如果旅游者持利他价值观或利生物圈价值观，则他们的环境世界观及其环境道德规范就会比较严苛，而严苛的信念和环境道德规范又会正向促进旅游者的环境负责任行为，该结论证实了 VBN 理论对国家公园旅游者环境负责任行为的解释力。国内学者肖悦与刘金广（2023）也基于 VBN 理论，以杭州市西湖风景区的旅游者为研究对象，研究了文化价值观、个人规范与旅游者环境负责任行为之间的关系，结果发现，旅游者文化价值观中的环境关心关爱等对个人规范有直接影响，个人规范又对旅游者的环境负责任行为产生直接显著影响。因此，为了促进旅游者的环境负责任行为，西湖风景名胜区的管理人员应该培养旅游者正确的环境价值观，如增强旅游者对景区内动植物的怜悯心，培养并唤起旅游者的环境关爱意识，从而提高其环境负责任行为的水平。

虽然部分学者验证了 VBN 理论比其他理论在消费者环境负责任行为上有更好的预测力和解释力（Stern，2000；Jansson 等，2011；Riper 与 Kyle，2014；Lind 等，2015），但是仍有不少学者对 VBN 理论提出质疑（Gatersleben 等，2002；Poortinga 等，2004；Chen，2015a）。一方面，学者认为 VBN 理论模型中的环境结果意识和环境道德义务感等变量不仅受个体环境价值观的影响，实际上周围人的态度特别是密切相关群体的态度也会对其产生影响，而这些因素并未在 VBN 理论模型中得到体现（Poortinga et al，2004）。另一方面，个体道德规范对环境负责任行为的影响效果不可避免会受到环境行为本身经济成本高低的影响，因为个体总会存在一定的利己倾向，当环境负责任行为的经济成本较低、消费者不需要支付更高昂的价格成本时，VBN 理论有着良好的解释能力，但是当消费者需要为环境负责任行为支付较高的经济成本时，如贴有生态标签的产品定价远远高于非生态标签的产品时，VBN 理论的解释能力就会下降（Chen，2015a）。

计划行为理论、规范激活理论和价值观—信念—规范理论是旅游者负责任行为研究的重要理论模型。如上所述，虽有大量学者基于单一理论视角探究旅游者的负责任行为倾向，但更多的学者会整合两种或两种以上的理论视角，即基于各种拓展的理论模型对消费者的负责任行为展开研究，如“TPB+VBN”理论、“VBN+ 期望理论”等。如 Kiatkawsin 和 Han（2017）整合“VBN+ 期望理论”，对年轻旅游者的环境负责任行为进行调查研究，结果发现价值观—信念—规范理论与期望理论的整合模型比单一模型更具解释力，相比单一的 VBN 理论，整合模型对旅游者环境负责任行为的解释力提升了 12.8%。黄华婷等

（2022）基于“TPB+VBN”理论，以浙江省居民为调查对象，探究居民的低碳消费意愿及其影响因素，发现个体的低碳消费行为意愿与行为之间存在显著差异，虽然行为意愿不一定都能转化为实际的消费行为，但行为意愿依然能够显著促进行为的实施，个体积极的环境价值观、低碳消费态度和情感及个人规范等 VBN 理论的核心变量，都能显著正向影响个体的低碳消费行为意愿，同时，政府可以通过营造全民低碳消费社会氛围及制定相关政策法规等措施提升居民的低碳消费行为意愿。

2.3.4 刺激—机体—反应理论

刺激—机体—反应（Stimulus- Organism-Response，SOR）理论模型由经典的刺激反应理论发展而来。刺激反应理论分析了显性的外在刺激与个体行为结果之间的关系，认为个体行为是个体受到环境因素刺激后做出的反应，依此逻辑，所有个体在受到相同的外在刺激时，其行为输出结果应该是一致的，但实际并非如此，刺激反应理论无法反映由于接受外在刺激的个体差异而带来的行为结果差异。因此，学者 Mehrabian 和 Russell（1974）在经典的刺激反应理论的基础上，增加了“机体”这一变量以反应因受刺激的个体差异而带来的结果差异，从而形成了消费者行为研究领域的经典理论模型——刺激—机体—反应（Stimulus- Organism-Response，SOR）理论模型。依据这一理论模型，刺激（Stimulus）指对个体认知产生影响的外部情境因素，机体（Organism）指外部刺激因素转化为个体后续输出行为之间的内在心理加工过程，反应（Response）被概念化为个体行为输出的结果（Chen 等，2021）。

由于旅游者行为具有二元情境性，非惯常环境是旅游情境下旅游者行为反应的重要外在刺激因素，因此，SOR 理论提出之后，在旅游消费者行为研究领域得到了广泛的采纳。Kim 等（2020）基于扩展的 SOR 理论模型，探究虚拟现实旅游活动过程中旅游者的消费行为意愿，发现 SOR 理论分析模型非常适合解释旅游者的行为形成机制。粟路军等（2017）也基于 SOR 理论研究模型，构建了以服务质量为外部刺激，消费情感和旅游者满意度为内部机体状态，旅游者抵制负面信息意愿为行为反应的分析模型，通过对岳麓山—橘子洲旅游区的旅游者进行问卷调查，发现服务质量对旅游者抵制负面信息意愿的影响机制符合 SOR 理论框架。

旅游者负责任行为的实施情境也具有非惯常环境特征，因此大量学者也以SOR理论为基础，探讨旅游情境下的刺激因素对旅游者负责任行为的影响。如Su和Swanson（2017）借助SOR模型，以旅游目的地的社会责任为外在刺激因素（Stimulus），以来湖南长沙岳麓山旅游的初次出游者和重复出游者为研究对象，以他们的积极情绪、消极情绪及旅游者—旅游地认同为机体（Organism），以旅游者的环境负责任行为为行为反应的输出变量（Response）开展调查研究，结果发现旅游目的地的社会责任作为外在刺激因素，对旅游者（初游者与重游者）的环境负责任行为都具有积极的促进作用。国内学者金红燕等（2022）也基于刺激—机体—反应SOR理论，以传统村落情境下的旅游真实性作为刺激因素，以怀旧情感为机体，以旅游者的环境负责任行为为行为反应，对世界文化遗产村落宏村的349名旅游者进行问卷调查，结果验证了旅游者环境负责任行为的形成过程机理符合SOR理论分析框架。刺激—机体—反应理论特别地强调了旅游者环境负责任行为实施的非惯常环境这一情境刺激因素，研究结论有助于为目的地促进旅游者的环境负责任行为提供可行的操作依据，奠定了其良好的解释效果。大量研究都证明，SOR理论模型能够合理地揭示目的地的旅游情境因素对旅游者环境负责任行为的作用机制。

2.4 文献研究评述

随着全球旅游业的快速发展，旅游活动对目的地环境和社区的影响日益显著，负责任旅游活动的推进对促进目的地旅游业的可持续发展至关重要。旅游者作为负责任旅游的重要利益相关者之一，其负责任行为的实施对负责任旅游的实现有着重要的价值。本章通过梳理学界现有关于旅游者负责任行为的相关研究，发现学者在旅游者负责任行为的含义及测量、驱动机制及研究的理论模型等方面都已经开展了大量的研究，取得了丰硕的研究成果。然而，随着我国经济的持续快速发展和人们闲暇时间的增多，旅游已成为人们生活的必需品，而乡村优美的自然风光、良好的生态系统、丰富的文化遗存、人与自然和谐相处的民居建筑、厚重的传统文化底蕴等成为旅游发展的重要资源依托，乡村旅游发展如火如荼。为促进乡村旅游的可持续高质量发展，研究乡村旅游情境下的旅游者负责任行为迫在眉睫，虽然现有研究已经贡献了丰富的理论方法和实践经验，但聚焦到乡村旅游情境下，仍有很多值得探究的研究问题。面对机遇与挑战，乡村旅游情境下旅游者负责任行为的研究需要着重关注以下几方面。

2.4.1 关注旅游者自觉主动负责任行为的驱动机制研究

旅游者的负责任行为与不负责任行为正如一个硬币的正反面，促进旅游者的负责任行为与抑制旅游者的不负责任行为能达到殊途同归的效果，即都有助于促进目的地旅游业的可持续健康发展。然而，两种治理路径的效果却是不一样的，限制旅游者的不负责任行为往往容易激发旅游者的逆反心理，从而使其更倾向于实施不负责任行为，相反，激发旅游者的自主能动性或许会产生意想不到的效果，即与其想方设法限制旅游者的不负责任行为，不如开动脑筋驱动旅游者自觉主动地实施负责任行为。特别是在乡村旅游情境下，乡村旅游目的地地域广阔，且从业人员较少，无法像在景区一样做到对旅游者的有效监管，因此，更需激发旅游者自觉主动的负责任行为实施意愿。基于此，本书后续章节对旅游者负责任行为的研究将沿着这个思路，着重从促进旅游者自觉主动实施负责任行为的视角展开。

2.4.2 注重情理合一视角下旅游者负责任行为的驱动机制研究

如前所述，当前旅游者负责任行为研究的理论模型包括计划行为理论、规范激活理论和价值观—信念—规范理论等，这些理论大多是从公民负责任行为的相关研究领域延伸到旅游领域，注重理性路径下对消费者负责任行为的解释和预测。然而，旅游者负责任行为的驱动机制是一个复杂且多维度的议题，特别是旅游者负责任行为实施的旅游情境具有非惯常性，在非惯常环境下，旅游者行为往往会从有序状态偏离到无序状态，形成异化的非惯常行为模式，即相比有序的惯常行为，无序的非惯常行为会更多地受旅游者的情感因素而非理性因素驱动，且负责任行为本就不指向旅游者当下的利益所得，已有研究指出较远期的行为利益所得更多地受情感因素驱动。因此，对旅游者负责任行为的驱动机制研究应更侧重从情理合一视角开展研究，找寻能够解释和预测旅游者负责任行为的情感变量。

2.4.3 深化旅游者多方面负责任的责任行为驱动机制研究

当下关于旅游者负责任行为的研究异常偏颇地关注了旅游者的自然环境负责任行为，而关于旅游者对旅游业其他方面负责任行为的相关研究较少。但可持续旅游的实现，需要关注旅游者多方面的责任义务，特别是在乡村旅游情境下，乡村社会文化的脆弱性和不同遗产资源的不可再生性等典型特征决定了旅游者需要负起保护负责任的义务是多方面的，因此亟须深化旅游者对乡村旅游多方面负责的责任行为驱动机制研究。本书后续章节将从乡村旅游情境的特殊性出发，考虑晋东南片区乡村旅游资源的禀赋特征和发展阶段特征，除了关注当前备受瞩目的旅游者自然环境负责任行为，也关注旅游者对乡村其他方面负责任的责任行为驱动机制。

Part 3

第3章　契合对旅游者环境负责任行为的驱动机制

3.1 研究背景

无论是在发达国家还是欠发达国家，乡村都是地理学中最古老的概念，是与城市相对立的城乡二元结构的一端，相比城市的现代、富有和进步，乡村往往意味着传统、贫穷与落后等，因此，伴随着城乡差距的不断拉大以及乡村的消弭，乡村旅游往往被国家的政策制定者视为欠发达落后乡村地区实现脱贫致富的有效途径（Haralambopoulos 与 Pizam，1996；Wu 与 Pearce，2016）。而在我国，随着改革开放后城镇化和工业化的持续快速推进，乡村问题日益成为阻碍我国社会进步的重要障碍因素，因此，自 20 世纪 90 年代以来，我国政府高度重视乡村旅游的发展，将乡村旅游视为发展乡村、振兴乡村、落实习近平总书记“绿水青山就是金山银山”等理念的关键抓手（王婉飞等，2018）。又由于快速的工业化和城镇化背景下，乡村具有了城市人民对田园牧歌式生活或逃避城市喧嚣等的僻静之情感寄托和想象，乡村旅游成为现代化背景下都市人民逃离都市之嘈杂、拥挤、环境污染、单调枯燥的生活方式等的理想度假场所，在国家政策及市场需求的合力保障下，我国乡村旅游得到快速发展。

随着我国乡村旅游的持续快速推进，乡村旅游目的地的生态问题日益凸显，乡村旅游业给乡村目的地社区带来了诸如交通拥堵、噪声污染、旅游者乱扔垃圾、干扰乡村地区动植物的生态系统等一系列负面环境问题，这些负面环境问题严重影响了乡村旅游目的地的可持续健康发展（Ballantyne 等，2011）。而这些环境问题在很大程度上是由旅游者在乡村旅游目的地的游览过程中实施环境不当行为造成的，如旅游者乘坐各种交通工具进入乡村会带来大量的尾气污染和噪声污染，旅游者随地丢弃的大量垃圾会造成乡村地区的固体废弃物污染等，旅游者为了自己的私欲而侵扰乡村动植物栖息地会扰乱动植物在乡村地区的家园等，因此，引导旅游者在乡村旅游活动过程中实施环境负责任行为是减缓乡村旅游目的地生态环境恶化、实现乡村旅游可持续发展的重要保障手段。

以往针对旅游者的环境不当行为，乡村目的地及景区的管理部门普遍强调管理制度的约束作用（如笔者调研的晋东南平顺县的岳家寨村曾针对旅游者进入该村寨征收垃圾处理费每人 10 元，然而该举措并没有对旅游者乱丢垃圾的行为带来改善作用，反而致使旅游者因支付了费用给自己乱丢垃圾的行为找到了合理化借口，结果使得旅游者乱丢垃圾的现象更加严峻），或者尝试利用规范类标识牌（如“爱护环境　请勿乱丢垃圾”“少折一枝花　多闻一缕香”“足下留情　绿意更浓”“保护环境　人人有责”“绿色环保　从点滴做起”“爱护脚下草　莫折枝头花”“小草微微笑　请君足留情”）等方式提醒或警示旅游者爱惜乡村旅游目的地（张梦等，2016），甚至直接使用目的地管理政策对有不当行为的旅游者进行限制或惩罚（黄涛等，2018）。虽然这些管理手段的确可以对旅游者在乡村目的地社区的环境不负责任行为发挥部分规范作用，但乡村目的地管理者的劝说、警告、约束甚至惩罚等限制性措施很容易使旅游者将自己与乡村目的地社区之间的关系理解为一种“对立关系”。如此一来，旅游者的反抗心理或被激发，进而对乡村目的地的环保规定持抵触心理；或心存侥幸，以为自己的不当行为能够逃脱乡村目的地的监管和惩罚，在乡村社区监管不力时继续实施环境不负责任行为。由此可见，尽管目的地采取的这种将旅游者置于自身对立面的措施具有一定的效果，但这些限制性、被动性的行为控制手段也给目的地的监管带来较高成本，效果也不持久；另外，从旅游者视角来看，旅游者的自主性难以得到激发，不会将乡村目的地的环境当作自己的“家园”一般真心爱护。所以乡村目的地管理者需要思考如何激发旅游者在乡村旅游情境下的自觉环保行为，有效引导旅游者自觉地、主动地实施环境负责任行为。基于此，本章从市场营销的关系质量理论入手，引入市场营销学领域的“契合

（Engagement）”这一重要概念，探讨通过旅游者与乡村目的地之间的契合，从而促进旅游者主动实施环境负责任行为的可能，期望为乡村目的地提供激发旅游者自觉环境责任行为的有效手段。

3.2 顾客契合理论及其研究进展

3.2.1 顾客契合理论简介

顾客契合（Customer Engagement）是市场营销领域学者于 21 世纪提出的新概念，最早于 2001 年在盖洛普商业杂志一篇名为《永恒的顾客》的文章中被提出[①]。顾客契合的概念来源于西方企业界的实践，被美国市场营销协会（American Marketing Association，AMA）连续几年的年会列为市场营销领域应该重点研究的理论构念。

契合体现了契合主体与契合对象之间的情感和心理联系紧密度，聚焦于二者间的互动体验和共创价值，体现为认知、情感和行为 3 个维度（张辉与陈晔，2017）。契合能使契合主体对契合对象有持续的、更加频繁的互动倾向和更强的心理、情感依恋，从而为企业带来交易之外的诸多有利结果（Brodie 等，2011）。

早期对顾客契合的研究多关注顾客对企业的正价契合，强调顾客契合能给企业带来的积极后效，最新的研究认为顾客契合对企业既有积极正向的影响，也有消极负面的影响，主张采用“效价”描述顾客契合对企业的正负面影响。

3.2.2 顾客契合相关研究

研究者针对顾客契合的内涵、前因和影响结果等开展了大量的研究，研究框架简图见图 3-1。关于顾客契合的后效研究，学者们普遍认同顾客契合能够给企业、顾客和其他行为者都带来广泛影响，但现有大部分研究重点关注契合通过影响顾客行为给企业带来的积极影响，如针对品牌契合的大量研究认为，品牌契合有助于促进顾客对品牌的信任和情感承诺，提升顾客对企业的忠诚感和满意度等（张辉与陈晔，2017；Brodie 等，2011；Rakhi，2016），但是该领域也有研究认为顾客的满意度和忠诚度是顾客契合的前因，为此荆宁宁与李德

① Gallup Consulting. The constant customer［EB/OL］. http：//www.gallup.com/businessiournal/745/constant-customer. aspx，2001.

峰（2015）综述了与顾客契合相关的顾客满意度和忠诚度等概念，区分了这些相似概念之间的联系与区别，并最终得出顾客契合与顾客满意度和忠诚度是一种螺旋式上升的互为前因和结果的关系。同时有研究认为，契合作为一种更高质量的、更深层次的、更有意义的主客体关系，它对顾客态度及行为的影响不应仅停留在满意和忠诚等表面结果上，顾客契合应该可以给企业带来超出交易行为之外的其他有利影响。也有一些研究者针对这些影响结果进行了探索，结果发现契合能够促进顾客积极的社群态度，激发顾客积极的虚拟社区参与和知识共享行为等（Hollebeek，2011；韩小芸等，2016；宁连举等，2018），契合能够改变传统将顾客作为企业外生资源的认知，越来越认同顾客是企业内生的操作性资源，能够与企业共同创造价值（简兆权与令狐克睿，2018），如顾客提出的产品革新思路或新产品创意思路往往更容易得到市场认可。顾客契合的影响从交易价值扩展到了非交易价值。

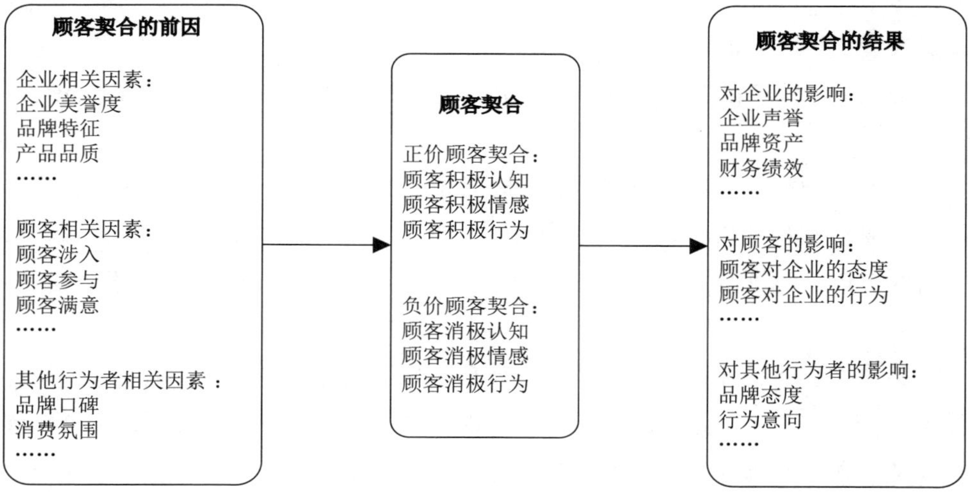

图 3-1　顾客契合相关研究框架简图

3.2.3 旅游者契合

借助顾客契合的概念界定，学者指出乡村旅游情境下的旅游者契合是旅游者在与乡村目的地社区的互动性体验中产生的与乡村整体及其产品、服务和活动在认知、情感和行为等方面的非交易性联系，联系的强度即契合度（王甫园等，

2019）。乡村旅游目的地借助旅游者对乡村目的地的正价契合，可以增进旅游者对乡村目的地的地方认同和情感，增强人地关系，旅游者环境负责任行为属于旅游者在乡村目的地实施的非交易行为的一种。顾客契合对企业的交易性及非交易性积极影响的相关研究为乡村旅游目的地激发旅游者主动实施环境负责任行为提供了一个新的思路，即借助旅游者与乡村旅游目的地之间正价契合的培育。

因此，本研究期望通过探讨旅游者契合与旅游者环境负责任行为之间的关系，探索驱动旅游者主动环境负责任行为的有效手段，同时拓展顾客契合理论的影响研究，由契合对顾客购后行为的影响向前延伸至对购中行为（旅游者的环境负责任行为往往在旅游活动过程中实施，属于购中行为）的影响。

3.3 研究假设

3.3.1 旅游者契合与旅游者环境负责任行为

旅游者契合是旅游者与目的地之间的“联系、依恋、情感涉入和参与”，其内涵特别强调旅游者对目的地的积极心理和情感依恋状态（Brodie 等，2011），这种积极的心理和情感关系有利于促进旅游者与目的地环境之间的关系从“对立”走向“共同”，进而促使旅游者在目的地的旅游活动中更愿意像对待自己的家园一样，不忍心伤害目的地的环境，从而主动采取负责任的环境行为。乡村旅游情境下，旅游者契合对其环境负责任行为的作用机制主要在于契合构建起了二者之间的情感关联，因为契合的旅游者会更容易感受到在乡村旅游过程中的积极情绪。Kanchanapibul 等（2014）指出个体情绪对旅游者环境责任行为的驱动作用不容忽视。且已有研究证实旅游者与国家公园情感联结越强，旅游者越愿意主动实施环境负责任行为，如主动捡起别人丢弃的垃圾、为了公园的环境利益放弃参观自己非常喜欢的地方，甚至愿意支付部分环境治理费用等（Walker 与 Chapman，2003）。国内学者祁潇潇等（2018）的研究也发现旅游者对目的地自然环境、宗教氛围等的积极情绪——敬畏感有助于促进其环境负责任行为的实施。基于此，本研究认为乡村旅游情境下，旅游者契合通过促进旅游者与乡村旅游目的地之间强有力的联结使旅游者对乡村旅游目的地产生积极情绪，从而更加爱护乡村旅游目的地的环境，将乡村旅游目的地的环境看成自己的家园般舍不得伤害，这将有助于促进旅游者在乡村旅游活动过程中主动实施环境负责任行为。基于上述逻辑推理和文献支撑，本研究提出如下研究假设：

H1：旅游者契合正向影响旅游者在乡村旅游目的地的环境负责任行为。

3.3.2 旅游者契合与关系质量

旅游者契合是旅游者在目的地的旅游活动过程中，通过与目的地之间持续的、频繁的互动而建构起来的一种紧密联系，反映了旅游者与目的地之间联系的强度和发展能力（Al-alak，2014）。契合的旅游者会对乡村旅游目的地表现出积极的心理、情感和行为反应，在与乡村旅游目的地的契合过程中，感受到身份的认同、愉悦感和幸福感的提升以及自我价值的实现（张辉与陈晔，2017）。契合给旅游者带来的上述积极情感和价值，有助于促进旅游者对目的地的认同和更高的情感承诺，从而提升旅游者和目的地之间的人地关系质量，且契合本就是一种高质量的关系，属于市场营销学里关系营销理论的构念。且已有的相关实证研究也证实契合确实能够对关系质量产生正向促进作用，如Hollebeek等（2011）和张辉等（2017）关于品牌契合和关系质量之间关系的相关研究都显示，顾客与品牌之间的契合有助于提高顾客和品牌之间的关系质量。由此可以推测，旅游者契合也能够对旅游者与乡村旅游目的地之间的关系质量产生积极影响。因此，提出如下研究假设：

H2：旅游者契合正向影响旅游者与乡村旅游目的地之间的关系质量。

3.3.3 关系质量与旅游者环境负责任行为

市场营销领域，关系质量一般指的是顾客与企业及其员工之间的关系，包括顾客对企业的信任感、满意程度、忠诚度等。根据关系营销理论的相关观点，关系质量是顾客积极态度和行为的有效激励手段，借助与顾客之间关系质量的提升，企业能够有效激发顾客为企业付出更多的时间和精力，作出更多的经济贡献。如已有研究发现酒店和顾客之间的关系质量有助于促进酒店顾客的积极行为如购买份额、关系维持和正面口碑等的发生（Kim与Cha，2002）。旅游者环境负责任行为也属于旅游者的积极行为之一，旅游者感知自身与目的地之间的关系质量越好，越会将目的地的利益视为自身利益的一部分，更愿意对目的地做出较高的环境承诺，从而在目的地的游览过程中自觉采取负责任的环境行为。何学欢（2018）对目的地居民关系质量与环境负责任行为之间关系的研究证实居民感知其与目的地之间的关系质量越好，越有助于激发其友好的环境行为意愿，同时，对旅游者环境负责任行为的研究也显示旅游者感知与目的地之间的关系质量对其环境负责任行为意向有正向影响（Xuehuan He 等，2018）。基于此，本研究期望在乡村旅游情境下，继续研究旅游者与乡村旅游目的地之间的关系质量与其环境负责任行为之间的关系，提出如下研究假设：

H3：旅游者和乡村旅游目的地之间的关系质量能够正向促进其在乡村旅游活动过程中环境负责任行为的实施。

3.3.4 目的地环境提示的调节作用

即使高契合度和高关系质量的旅游者，在乡村旅游目的地的旅游活动中也可能会无意识地实施了环境不友好行为，即契合和关系质量作用于旅游者环境负责任行为的效应有其边界范围。一种情况是，旅游者虽然明白自己哪些行为是不友好的，但由于旅游情境下体验的冲动性及轻松愉悦氛围的影响，可能会暂时忘记实施环境负责任行为。如乡村旅游活动空间一般视野比较开阔，当旅游者的视野内出现了比较震撼人心的乡村美景时，此情此景下，即使高契合度和高关系质量的旅游者也可能出于急于欣赏美景的冲动，会忽视走景观道而直线踏过草坪或耕地等去欣赏美景，这就造成了不负责任环境行为的产生。这种情形下，乡村旅游目的地只需对旅游者进行适当提醒，高契合度和高关系质量的旅游者理性就会促使其强化行为规范，主动实施环境负责任行为。另一种情况是，在一些特殊的乡村旅游目的地，如遗产型乡村旅游目的地，旅游者也可能因缺乏关于环境负责任行为的专业知识而实施了环境不友好行为，如在一些文物古迹场所乱拍照、乱摸文物雕塑等。这种情况下，旅游者可能根本不知道自己的行为是不负责任的，此时目的地恰当的环境提示将有助于旅游者意识到自己的哪些行为是不符合规范的，帮助高契合的旅游者获得有利于做出环境负责任行为的专业知识，从而调整自己的不当行为。已有研究显示景区规范类标识牌作为目的地普遍使用的一种环境提示信息，对旅游者环境不规范行为有明显的劝说效果（张梦等，2016）。基于此，本研究认为目的地的环境提示可以调节旅游者契合和关系质量对旅游者环境负责任行为的影响，因此提出以下研究假设：

H4：目的地环境提示在旅游者契合对旅游者环境负责任行为的影响中具有正向调节作用。

H5：目的地环境提示在关系质量对旅游者环境负责任行为的影响中具有正向调节作用。

本研究构建的理论模型如图 3-2 所示。

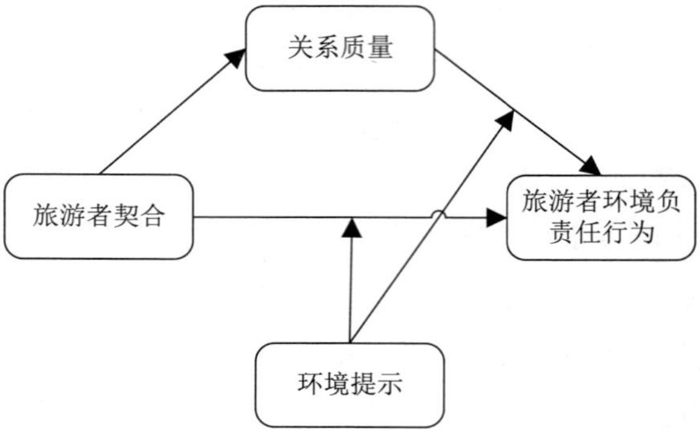

图 3-2　理论假设模型

3.4 实证检验

3.4.1 量表选取

在旅游研究领域中，So（2014）开发的旅游者契合测量量表被国内外学者广泛采纳，但是 So 的量表主要用于测量旅游者对微观旅游企业品牌如酒店、航空公司、旅行社、餐饮企业等的契合度，与本研究测量旅游者对乡村旅游目的地的契合度存在较大差别。Jiseon 等（2018）基于综合旅游度假区旅游者开发的契合量表与本研究情境更为相似，其对旅游者契合的测量也是基于学者对契合多维概念的认同，通过认知、情感和行为 3 个维度共 10 个题项进行测量，因此，本研究借鉴 Jiseon 等的旅游者契合量表，调整其实用情境为乡村旅游目的地，同时适应本研究的目标需要，即不区分二阶维度来测量旅游者契合。

关系质量是一个包含信任、承诺和满意度等二阶构念的高阶概念。鉴于本研究情景，关系质量借鉴 Xuanhuan He（2018）的研究，重点测量旅游者对乡村旅游目的地的环境承诺水平，选取 Davis（2009）开发的量表评估旅游者对乡村旅游旅游目的地环境的长期关注和心理依恋程度；另外，考虑到大部分对关系质量的研究涉及对满意度的测量，乡村旅游情境下，旅游者的满意度更是属于旅游者与乡村旅游目的地之间关系质量的一个重要维度，因此增加一个测量题项即“旅游者对乡村旅游目的地的总体满意程度”共同测量旅游者与乡村旅游目的地之间的关系质量。

对旅游者环境负责任行为的测量参考了邱宏亮等（2017）开发的旅游者环境负责任行为量表，如第 2 章文献综述所述，该量表将旅游者的环境负责任行为细分为遵守型、消费型、节约型和促进型 4 个维度。其中消费型和节约型环保行为主要用于测量旅游者对旅游产品的消费行为，而遵守型和促进型环保行为才适用于测量旅游者在目的地游览活动中的环境负责任行为。因此，本研究选取遵守型和促进型这 2 个维度共 8 个题项来测量旅游者在乡村旅游目的地的环境负责任行为。量表的具体测量题项及编码详见表 3–1。所有题项均采用李克特 7 级量表测量，从 1 到 7 分别表示非常不同意到非常同意的不同程度。

表 3–1 潜变量的观测题项及其来源

潜变量	观测题项	观测题项来源
旅游者契合（TE）	时刻想着该乡村旅游目的地（TE1）	JiseonAhn，Ki–JoonBack. Antecedents-and-consequences-of-customer-brand-engagement in integratedresorts
	想要更多地了解该乡村旅游目的地（TE2）	
	旅游结束还会想起该乡村旅游目的地（TE3）	
	该乡村旅游目的地的旅游体验非常积极（TE4）	
	在该乡村旅游目的地旅游非常开心（TE5）	
	在该乡村旅游目的地旅游非常棒（TE6）	
	在该乡村旅游目的地旅游非常骄傲（TE7）	
	愿意在该乡村旅游目的地停留更长时间（TE8）	
	愿意常去该乡村旅游目的地（TE9）	
	愿意关注该乡村旅游目的地的信息（TE10）	
关系质量（RQ）	承诺旅游中关注该乡村旅游目的地的环境（RQ1）	Xuehuan He，Dongbin Hu，Scott R.Swanson. Destination-perceptions，relationshipquality，and-tourist environmentally responsible behavior
	愿意加强和该乡村旅游目的地环境之间的关联（RQ2）	
	感觉和该乡村旅游目的地的环境相关（RQ3）	
	希望总和该乡村旅游目的地的环境有关联（RQ4）	
	该乡村旅游目的地的旅游体验感觉满意（RQ5）	

续表

潜变量	观测题项	观测题项来源
旅游者环境负责任行为（TERB）	愿意遵守该乡村旅游目的地的游览规定（TERB1）	邱宏亮，周国忠．旅游者环境责任行为：概念化、测量及有效性
	愿意妥善处理在该乡村旅游目的地旅游中的垃圾（TERB2）	
	爱护该乡村旅游目的地的动植物（TERB3）	
	爱护该乡村旅游目的地的景观环境和设施（TERB4）	
	鼓励同行人遵守该乡村旅游目的地的游览规定（TERB5）	
	提醒同行人不破坏该乡村旅游目的地的环境（TERB6）	
	主动捡起别人在该乡村旅游目的地丢弃的垃圾（TERB7）	
	劝导制止同行人破坏该乡村旅游目的地的环境（TERB8）	

目的地环境提示主要考虑旅游者在乡村旅游目的地的游览活动中是否感知或注意到乡村旅游目的地对其环境行为进行提示或提醒的信息，因此直接询问旅游者“是否在乡村旅游目的地的游览活动过程中感知到或注意到乡村旅游目的地对其环境行为进行提示的声音、图片、标识牌等”。当回答为“是”时取值为“1”，“否”时取值为“0”。

3.4.2 数据收集

正式调研之前先对问卷进行试测，因为本研究中旅游者契合和关系质量两个构念的测量量表选自外文文献，因此首先邀请外语专业的一位教师对题项的译文进行把关，确保翻译准确；然后邀请某大学大二一个班级的学生对问卷进行阅读，在确保问卷测试题项不存在语义歧义的背景下，针对研究者熟悉的、近期出游过乡村旅游目的地的朋友进行预调查。对回收的 96 份预调研问卷进行信度和效度测试，结果显示各潜变量的 Cronbach's α 系数均大于 0.7，各测量题项的因子载荷在 0.01 的显著水平下大于 0.5，说明该问卷量表具有较好的信度和效度，可以开展正式调研。

正式调研借助“问卷星”网站进行数据收集。本研究参考 Jiseon（2018）和 So 等（2014）的做法，问卷首先请被调研者回顾自己最近去过的某一乡村旅游目的地，然后以该乡村旅游目的地的旅游体验经历感知为例填写问卷。最后共收回问卷 444 份，其中有效问卷 410 份，问卷有效率为 92.3%。在有效样本中，男性占比 49.3%，女性占比 50.7%，男女比例比较均衡；中青年的旅游者居多，其中年龄在 21—40 周岁的样本占全部总样本的 77.8%。被试者受教育程度普遍较高，具有大专或本科及以上学历者占比 96.1%。在收入水平上，71.2% 的被试者月收入在 8000 元以下。被试的人口统计特征详见表 3-2。

表 3-2　被试的人口统计学特征

项目	类别	频次	频率（%）	项目	类别	频次	频率（%）
性别	男性	201	49.3	月收入	5000 元及以下	190	46.3
	女性	209	50.7		5001—8000 元	100	24.4
年龄	18—30 岁	190	46.3		8001—17000 元	88	21.5
	31—40 岁	159	38.8		17001—40000 元	28	6.8
	41—50 岁	37	9.0		40000 元以上	4	1.0
	51 岁及以上	24	5.9	受教育程度	高中以下	4	1.0
					高中及技校	135	32.9
					大专及本科	260	63.4
					研究生	11	2.7

3.4.3 信效度检验

研究采用 SPSS22.0 和 Smart PLS2.0 对问卷的信效度进行检验，结果显示，各子量表的 Cronbach's α 系数介于 0.86—0.95，均达到大于 0.7 的检验要求。各变量的组合信度介于 0.90—0.96，大于推荐值 0.7，说明本研究问卷信效度达到标准（表 3-3）。

旅游者契合 10 个观测变量的因子载荷为 0.80—0.87，关系质量 5 个观测变量的因子载荷为 0.69—0.89，旅游者环境责任行为 8 个观测变量的因子载荷为 0.79—0.91。各观测变量的因子载荷均满足大于 0.5 的推荐值，表明量表具有较好的聚合效度。平均提取方差值（Average Variance Extracted，AVE）为 0.65—0.76，大于可接受的 0.5 要求。各构念 AVE 值的平方根大于与其他构念间的相关系数，表明变量的区别效度良好。

表 3–3　问卷的信效度检验结果

潜变量	观测变量	因子载荷	Cronbach's α	组合信度	AVE 值	1	2	3
1. 旅游者契合（TE）	TE1	0.83	0.95	0.96	0.70	[0.84]		
	TE2	0.85						
	TE3	0.85						
	TE4	0.83						
	TE5	0.86						
	TE6	0.87						
	TE7	0.83						
	TE8	0.86						
	TE9	0.81						
	TE10	0.80						
2. 关系质量（RQ）	RQ1	0.69	0.86	0.90	0.65	0.80	[0.80]	
	RQ2	0.89						
	RQ3	0.83						
	RQ4	0.85						
	RQ5	0.73						
3. 旅游者环境负责任行为（TERB）	TERB1	0.83	0.95	0.96	0.76	0.50	0.53	[0.87]
	TERB2	0.90						
	TERB3	0.91						
	TERB4	0.90						
	TERB5	0.89						
	TERB6	0.88						
	TERB7	0.79						
	TERB8	0.85						

注：[ ] 表示各潜变量 AVE 的平方根。

3.4.4 主效应和中介效应的假设检验

首先采用分层回归分析法进行模型的主效应检验。以旅游者契合为自变量，旅游者环境负责任行为为因变量，性别、年龄、受教育程度和收入为控制变量，构建回归方程。分层回归分析结果显示，在只含有控制变量的基础模型 1 中，R^2=0.01，4 个控制变量对旅游者环境责任行为均无显著影响（sig. ＞ 0.05）。在增加旅游者契合后的模型 2 中，R^2=0.24，△ R^2=0.23，表明加入旅游者契合这一变量后模型解释力得到显著改善。旅游者契合的标准化回归系数 β=0.49（t=11.16，sig.=0.00），说明旅游者契合对旅游者环境负责任行为有显著的正向影响，且 VIF 值均在 1.03—1.35 的区间内，不存在多重共线性问题。由此，模型的主效应 H1 得到验证。

其次，采用 Baron 和 Kenny（1986）提出的逐步回归法检验模型的中介效应。模型 3 以中介变量“关系质量”为因变量，控制变量“性别、年龄、受教育程度和收入”对中介变量“关系质量”的影响均不显著，自变量“旅游者契合”的标准化回归系数 β=0.78（t=25.22，sig.=0.00），说明旅游者契合显著正向影响旅游者和乡村旅游目的地之间的关系质量（表 3-4）。

最后，进行因变量“旅游者环境负责任行为”对自变量“旅游者契合”、中介变量“关系质量”和控制变量“性别、年龄、受教育程度和收入”的回归分析（模型 4），结果显示控制变量对因变量“旅游者环境负责任行为”的影响依然不显著，旅游者契合（β=0.23，t=3.38，sig.=0.00）、关系质量（β=0.33，t=4.81，sig.=0.00）均显著正向影响旅游者环境负责任行为，说明假设 H2、H3 通过检验，关系质量在旅游者契合对旅游者环境负责任行为的影响中发挥部分中介作用。

表 3–4　三步回归分析结果

	模型 1	模型 2	模型 3	模型 4
因变量	旅游者环境负责任行为	旅游者环境负责任行为	关系质量	旅游者环境负责任行为
性别	−0.03 （−0.53）	−0.05 （−1.02）	−0.01 （−0.23）	−0.04 （−1.00）
年龄	−0.03 （−0.52）	−0.00 （−0.04）	−0.04 （−1.35）	0.01 （0.29）
受教育程度	0.04 （0.79）	0.06 （1.38）	−0.06 （−1.79）	0.08 （1.83）

续表

	模型 1	模型 2	模型 3	模型 4
收入	0.06 （1.15）	−0.01 （−0.18）	0.02 （0.77）	−0.02 （−0.36）
旅游者契合		0.49** （11.16）	0.78** （25.22）	0.23** （3.38）
关系质量				0.33** （4.81）
R^2	0.01	0.24	0.62	0.28
△ R^2		0.23		0.04
F	0.64	25.55**	133.48**	26.32**

注：( ) 中的数值为显著性 t 值，** 表示在 0.01 的水平下显著，* 表示在 0.05 的水平下显著。表 3−5 同。

3.4.5 环境提示的调节作用检验

参考温忠麟等（2005）提出的调节检验方法，根据旅游者在乡村旅游目的地的游览活动中是否注意到环境提示，将样本分为有环境提示和无环境提示两组分别进行逐步回归，两组的样本数分别为 193 份和 217 份（表 3−5）。模型 2* 中有无环境提示两组的 R^2 分别为 0.36 和 0.16，旅游者契合的标准化回归系数均显著，且有环境提示的一组（$\beta_{有提示}$=0.59，t=10.01，sig.=0.00）明显高于无环境提示的一组（$\beta_{无提示}$=0.40，t=6.18，sig.=0.00），H4 通过检验。模型 3* 中无论有无环境提示，旅游者契合对中介变量的影响作用均显著，但两组之间差异并不显著（$\beta_{有提示}$=0.79，t=17.79，sig.=0.00；$\beta_{无提示}$=0.77，t=17.91，sig.=0.00）。模型 4* 中两组的 R^2 分别为 0.43 和 0.18，旅游者契合的标准化回归系数均显著，且有环境提示组的回归系数（$\beta_{有提示}$=0.23，t=2.55，sig.=0.02）与无环境提示组（$\beta_{无提示}$=0.22，t=2.12，sig.=0.04）差异并不太显著；关系质量的标准化回归系数同样均显著，且有环境提示组的回归系数（$\beta_{有提示}$=0.45，t=4.95，sig.=0.00）明显高于无环境提示组（$\beta_{无提示}$=0.24，t=2.33，sig.=0.02），说明环境提示在关系质量对旅游者环境负责任行为的影响中发挥正向调节作用，H5 通过检验。环境提示对旅游者环境负责任行为的正向调节主要通过关系质量的中介发挥作用。

表 3–5　分组回归分析结果

	模型 2*		模型 3*		模型 4*	
因变量	旅游者环境责任行为		关系质量		旅游者环境责任行为	
环境提示	有	无	有	无	有	无
性别	−0.06 （−1.03）	−0.03 （−0.45）	0.02 （0.38）	−0.03 （−0.72）	−0.07 （−1.23）	−0.02 （−0.34）
年龄	−0.00 （−0.06）	−0.00 （−0.04）	−0.04 （−0.77）	−0.05 （−1.19）	0.01 （0.21）	0.01 （0.15）
受教育程度	0.11 （1.71）	0.01 （0.06）	−0.03 （−0.71）	−0.07 （−1.67）	0.12* （2.01）	0.02 （0.33）
收入	−0.04 （−0.65）	−0.01 （−0.14）	0.00 （0.04）	0.03 （0.68）	−0.04 （−0.71）	−0.02 （−0.25）
旅游者契合	0.59** （10.01）	0.40** （6.18）	0.79** （17.79）	0.77** （17.91）	0.23* （2.55）	0.22* （2.12）
关系质量					0.45** （4.95）	0.24* （2.33）
R^2	0.36	0.16	0.63	0.62	0.43	0.18
$\triangle R^2$					0.04	0.02
F	20.65**	7.80**	64.72**	68.87**	23.45**	7.54**

3.5 研究结论与管理建议

3.5.1 研究结论与理论贡献

随着乡村旅游业的持续快速发展，乡村旅游目的地的环境问题已成为全社会不可忽视的重要问题，旅游者实施的环境负责任行为有利于促进乡村旅游目的地自然环境的保护和可持续发展，但传统的目的地旅游者行为管理手段侧重限制或惩罚旅游者的环境不当行为，效果不持久。本研究借助顾客契合理论探讨乡村旅游情境下旅游者环境负责任行为的主动驱动机制，以旅游者与乡村旅游目的地之间的契合为驱动因素，关系质量为中介变量，目的地的环境提示为调节变量构建理论模型。采用 SPSS22.0 和 Smart PLS2.0 对收集到的 410 份问卷进行实证检验，主要结论如下。

（1）旅游者契合能够有效地促进旅游者环境负责任行为的实施。需要注意的是，本研究所关注的旅游者契合指正价的旅游者契合，不包括旅游情境下的负价旅游者契合。正价的旅游者契合代表了旅游者对乡村旅游目的地的积极正面的认知、情感和行为状态，从而使旅游者会将乡村旅游目的地当成是自己的朋友，不忍心做出伤害目的地包括其环境的行为，在乡村旅游活动过程中更愿意采取负责任的环境行为。

（2）关系质量在旅游者契合对旅游者环境负责任行为的影响中发挥部分中介作用。契合本就是一种积极的主客体关系，旅游者和乡村旅游目的地之间契合程度的提高，有助于改善旅游者和乡村旅游目的地之间的关系质量，进而促使旅游者实施一系列的积极行为，包括环境负责任行为。同时说明契合可以有效地帮助目的地解决与旅游者之间建立长期优质关系的难题，尤其是旅游者出游的求新求异心理，决定了旅游者和目的地之间建立长期优质关系的难度，研究显示契合可以成为解决这一难题的重要手段，呼应了部分学者关于品牌契合积极结果的研究结论。

（3）环境提示能够强化旅游者契合对旅游者环境负责任行为的影响。旅游者契合和关系质量对旅游者环境责任行为的影响在有环境提示时要明显高于无环境提示时。旅游情境下轻松的氛围及旅游活动的异地性和暂时性特征都容易使旅游者行为规范弱化。在一些特殊的目的地，旅游者也会存在不清楚哪些行为是不规范的问题。目的地恰当的环境提示有助于将旅游者与目的地之间的契合关系转化为实际的环境负责任行为。

本研究的理论贡献在于：

（1）将顾客契合理论引入旅游者环境负责任行为的研究中，丰富了旅游者环境责任行为研究的理论视角。现有关于旅游者环境负责任行为的研究普遍从心理学、社会学和管理学等视角展开，强调限制旅游者不当行为的发生，缺乏目的地基于人地关系视角激发旅游者主动负责任行为的研究结论。本研究侧重探讨旅游者环境责任行为的主动激发策略，基于顾客契合理论给予旅游者环境责任行为的发生以新的解释，找到旅游者环境责任行为新的驱动因素。

（2）关注契合对旅游者环境负责任行为的影响，丰富了顾客契合研究的结果变量。顾客契合的影响受到业界和学者的普遍关注，但近 20 年的研究中，学者多验证了契合对满意度、忠诚度、口碑推荐及重购意向等变量的影响。本研究关注旅游者契合的非交易价值，发现契合对旅游者环境负责任行为的积极影响作用，丰富了契合相关研究的结果变量。

（3）将契合对旅游者行为的影响从游后行为扩展到游中行为，延展了契合对旅游者行为的影响研究阶段。现有顾客契合的影响研究多聚焦于契合对购后行为的影响，旅游产品的交付过程特征决定了游中行为也是旅游者契合的重要行为表现。本研究对旅游者旅游中环境负责任行为的研究延展了旅游者契合影响的研究阶段。

3.5.2 管理建议

综合上述研究结论，本研究为乡村旅游目的地的管理工作提供以下建议。

（1）乡村旅游目的地管理者应当重视利用正价的契合激发旅游者的主动环境负责任行为。旅游者对目的地契合程度的提高能够改变旅游者对其与目的地之间关系的认知，用新型朋友式的人地关系替代原有交易式的对立关系，关系质量的改进又能进一步激发旅游者的自我管理倾向和自觉的环境负责任行为。如 2023 年“五一”假期的淄博及 2024 年春节假期的哈尔滨实践案例，都让我们关注到了旅游者和目的地之间契合程度的提高和关系质量的改善给目的地带来的优质价值，旅游者甚至会不惜成本自愿充当目的地的宣传员，爱惜目的地的资源和环境等。因此，理论研究及实践案例都启示乡村旅游目的地的管理者要改变思路，尝试利用高正价契合旅游者的主动环境责任行为替代监管下的旅游者被动环境责任行为。

（2）乡村旅游目的地可以通过参与性活动的提供，提高旅游者与目的地之间的契合水平。旅游者与目的地的契合程度是在双方的互动过程中逐渐提高的。乡村旅游目的地应主动为旅游者提供更好的参与方式和参与平台，设置专门的团队对旅游者的参与活动和参与平台进行管理，提高旅游者的契合水平。如乡村旅游目的地在旅游者的旅游活动中，利用旅游者的视、听、嗅、味、触等多种感官激发旅游者融入情感和参与行为，改善旅游者和乡村旅游目的地之间的人地关系感知，提高旅游者契合水平。又如，移动互联网和新媒体的发展为目的地提供了更多旅游者契合的可能。乡村旅游目的地可以主动在自己的官方微博、微信公众号等自媒体平台吸引旅游者参与关于乡村目的地话题的讨论，最终实现旅游者与乡村目的地之间情感的生成和心理的联结。

（3）乡村旅游目的地应利用环境提示信息促进激发旅游者环境负责任行为。乡村旅游目的地需要在旅游者的游览过程中主动传播与旅游者环境负责任行为相关的知识和技能，强化对旅游者行为规范的提示。如在进入乡村的主要通道向旅游者免费发放环境趣味知识手册、在村庄内的显眼位置设置正向提醒旅游者行为规范的提示牌、利用旅游服务业工作人员的引导提示等，积极传播目的地环境提示信息，提醒并帮助旅游者自己主动去实施环境负责任行为。

本研究在乡村旅游情境下，借助顾客契合理论探讨了乡村旅游情境下旅游者环境负责任行为的主动驱动机制，发现了一些有价值的结论，也为乡村旅游目的地激发旅游者的环境负责任行为提供了实践启示。然而，研究也存在一些不足：一是研究重点关注了旅游者与乡村旅游目的地之间的正价契合对旅游者环境负责任行为的积极驱动作用，然而，乡村旅游情境下也存在大量的旅游者负价契合和不契合，这些负价契合和不契合是否会导致旅游者更加倾向实施环境不负责任行为本研究并未关注。二是研究发现关系质量在旅游者契合对旅游者环境负责任行为的影响中发挥部分中介作用，说明旅游者契合对旅游者环境责任行为的影响机制更为复杂，未来仍需继续探索其他中介机制。同时，本研究将旅游者契合作为外生变量，探讨其对旅游者环境责任行为的影响，但哪些因素会影响旅游者对乡村旅游目的地的契合水平，即旅游者契合的前因仍有待进一步研究。除此之外，除环境提示外，旅游者的自身特征是否也会影响到契合对旅游者环境负责任行为的激发仍待后续研究探讨。

Part 4

第 4 章　乡村民宿情境下旅游者环境负责任行为的驱动机制

4.1 问题的提出

在乡村旅游目的地，农村居民参与乡村旅游实现脱贫致富的有效渠道之一即为旅游者提供餐饮和住宿设施与服务。特别是随着乡村度假游的兴起，改造自有民居建筑以家庭副业方式经营民宿成为越来越多的乡村居民参与乡村旅游经营活动的方式。依据 2022 年文化和旅游部发布的《关于促进乡村民宿高质量发展的指导意见》，乡村民宿是指利用乡村居民的自有民居建筑等相关资源，主人参与经营服务，为游客提供体验当地自然、文化与生产生活方式的小型住宿设施。乡村民宿是乡村旅游的重要业态，是带动乡村经济增长的重要动力，是助力全面推进乡村振兴的重要抓手。在笔者调研的晋东南地区，乡村居民利用自家房屋建筑经营的民宿比比皆是，而且还在政府政策的支持下合力打造了“太行人家”这一比较成功的乡村民宿品牌。

然而，调研期间也发现部分旅游者在入住乡村民宿期间会实施环境不负责任行为，如破坏民居环境、破坏民居建筑、浪费资源、为舒适而要求民宿主完善设施或实施其他利己的消费行为等，成为影响村民可持续地经营民宿、可持续地脱贫致富的重要障碍因素。例如，在笔者的调研中发现，部分发展相对落后的乡村，如晋城市横水镇水头村，村民自主经营的民宿规模相对较小，在设施设备方面还非常不完善，致使部分到访旅游者满意度不高，从而在入住民宿之后传播负面的口碑，给村民的可持续性民宿经营带来挑战。可见，引导旅游者在乡村民宿情境中实施负责任行为是帮助村民实现可持续性民宿经营，从而实现可持续脱贫致富的必要前提。

乡村民宿以“有温度的住宿、有灵魂的生活”而著称（张海洲等，2019），乡村民宿的温度从何而来，根据笔者的调研感知，民宿的温度主要来源于民宿主与住客之间的交流互动。因为民宿主和旅游者共处于民宿这一物理空间，会存在大量的交互行为，互动体验的质量往往决定住客的体验评价。如笔者曾调研过的壶关“拾光小院”原乡民宿（如图 4-1 所示），笔者能切身感受到和民宿大哥交流过程中的温暖感，而且在美团平台查找住客的评价，发现对老板的评价很高，“老板大哥很随和”“老板非常好”“房东热情，非常不错的体验”“老板做的饭很好吃，有向往的生活那个感觉”“和老板聊得很投机，而且老板做饭手艺绝绝子”“关键是老板平易近人，待客热情”之类的评价非常多，在晋城市水头村的民宿调研中我们也同样发现，民宿主的热情好客能够给住客带来良好的住宿和情感体验。由此，我们推测，旅游者在与民宿主的交互过程中，非常容易形成一种亲密如一体的情感纽带。这种情感纽带或许将促使旅游者更愿意站在民宿主的立场思考问题，采取更有利于民宿主的负责任行为。

图 4-1　拾光小院原乡民宿

图片来源：笔者调研拍摄所得。

当前，有关旅游者环境负责任行为的概念界定、测量及相关研究，大多聚焦于旅游者的生态环境负责任行为。然而，乡村旅游情境下，旅游者的旅游活动不仅会影响到乡村旅游地的生态环境，而且对乡村旅游地的经济环境和社会文化环境等都有较大的影响，因此亟须扩展关于乡村旅游者环境负责任行为的认识。由前文研究综述可知，当前对旅游者生态环境负责任行为的主流研究路径，多采用理性行为主义理论（Landon 等，2018），在目的地或景区情境下，实证检验旅游者环境负责任行为的前因变量，结论普遍证实，对公众环境负责任行为具有解释力的环境态度、环境知识、道德规范等，在旅游领域也具有解释力。然而，理性行为主义理论普遍植根于期望价值理论（Ajzen，1991），但环境负责任行为并不一定指向个体当下利益，个体的利己主义价值观倾向加上旅游活动发生的非惯常环境，致使这些理论在预测解释旅游者的环境负责任行为时，往往存在解释力下降的问题。因此，近些年的环境负责任行为研究逐渐转向关注情感的作用，情感因素逐渐成为研究环境负责任行为的新突破口（余真真与田浩，2017）。且旅游活动本就属于充满情感特征的体验经历（Pearce，2009），情感对旅游者行为的解释力显著高于认知（Kanchanapibul 等，2009），所以，对旅游者环境负责任行为的研究也逐渐转向了情理合一路径。

因此，作为对上述调研获取的实践材料和研究现状的回应，本研究一方面拟借助旅游影响的三重底线标准，从生态、经济和社会三个方面界定和测量旅游者的环境负责任行为，以丰富当下关于旅游者环境负责任行为内涵的理解，另一方面拟引入源自社会学的情感凝聚理论，探讨旅游者与乡村民宿主之间的情感凝聚影响其环境负责任行为的可能效应。研究结论将在理论上拓展情感凝聚理论的适用范围，为旅游者环境负责任行为相关研究提供新的情感主义视角，在实践中为乡村民宿主认识和激发旅游者的环境负责任行为提供管理建议。

4.2 概念界定与理论基础

4.2.1 旅游者负责任行为

对旅游者负责任行为的研究缘起于负责任旅游。20 世纪 80 年代后，大众旅游的负面影响备受关注，学者也逐渐从关注旅游发展的经济利得转向同时关注旅游发展的经济利得和环境与社会利失。负责任旅游作为同时关注旅游发展的“利与弊”“功与过”“得与失”、强调旅游发展“伦理责任”的新旅游方式得到学者的研究重视，形成了以“生态责任”“经济责任”“社会责任”为核心的 3 条研究主线。但纵观现有研究，大多采取自上而下的研究路径，强调当地政府、社区居民及旅游业的负责任行为，对微观视角下的旅游者负责任行为的研究非常有限。仅有的部分研究也异常偏颇地从“生态伦理”的角度，着重关注了旅游者的自然环境负责任行为，对旅游者的其他环境负责任行为如社会文化环境负责任行为、经济环境负责任行为等重视不足。2009 年，François-Lecompte 和 Prim-Allaz 从五个方面界定了旅游者的负责任行为，分别是愿意牺牲自己的舒适度、旅游活动中选择负责任的旅游经营商、愿意保护目的地的旅游资源、愿意接受近距离旅行和愿意保护目的地的自然和文化遗产。2014 年，Weeden 出版著作《负责任旅游者行为》（Responsible Tourist Behaviour），借助旅游影响的三重底线标准提出界定负责任旅游者的三重底线标准：充分尊重目的地社区、确保当地居民能从旅游者的花费中受益和最小化旅游活动对自然环境的负面影响。可见，旅游者的负责任行为不仅涉及当前最受关注的自然环境负责任行为，也包括旅游者对目的地社区文化负责任的行为和其他牺牲部分自身利益的经济环境负责任行为。

如前所述，乡村民宿情境下，旅游者在与民宿主的交互过程中，非常容易形成一种亲密如一体的情感纽带。情感和行为之间的密切关联为本研究借助旅游者与民宿主之间的情感纽带预测其负责任行为提供了启发。情感凝聚理论源于社会学，关注主客体之间的情感联结强度，2009 年 Woosnam 等首次将情感凝聚理论引入旅游学领域，研究旅游者和目的地居民之间的情感纽带强度对二者态度和行为的可能影响，为本研究提供了重要理论视角。

4.2.2 情感凝聚

1912 年，Durkheim 在其著作《宗教生活的基本形式》中首次提出情感凝聚（Emotional Solidarity）的理论构念，指出宗教徒之间的情感凝聚形成于其神圣的宗教信念和共同的仪式化行为。1975 年，Collins 进一步修正了情感凝聚理论，增加了互动作为情感凝聚的第三个前因，形成了当下研究情感凝聚的理论框架。之后情感凝聚理论被引入社会学、人类学、社会心理学及家庭关系等领域。

2009年，Woosnam等学者将情感凝聚理论引入旅游学领域，但考虑到Durkheim的情感凝聚理论植根于宗教情境，与日常生活情境存在较大反差，因此他用“共同的信念”和“共同的行为”替代了“神圣的宗教信念”和“共同的仪式化行为”，采用焦点小组访谈的定性研究，验证了情感凝聚理论在旅游领域的适用性，证明目的地居民和旅游者之间的确存在情感凝聚。之后的十多年，学者Woosnam及其团队在不同主体（主要是旅游者和目的地居民）之间情感凝聚的测量（Woosnam与Norman，2010；Woosnam，2011；Woosnam与Aleshinloye，2013）、情感凝聚的前因（Woosnam等，2017；Joo等，2018）和结果变量（Woosnam，2012；Woosnam等，2015）等方面展开了大量的研究，做出了突出的贡献。

情感凝聚以人与人之间的亲密情感和密切交往为特征（Hammarstrom，2005），有助于人与人之间形成一种“我们（We）”而不是“我与你（You and I）”的情感知觉和纽带，因此，个体之间能够形成非常强烈的认同和感同身受。旅游者在目的地的旅游活动期间，由于会存在与目的地居民之间的共同信念、共同行为及互动交流，因而容易形成情感凝聚，且情感凝聚的强度与二者间的信念、行为和互动频率等密切相关（Woosnam，2012；王雅君与林翠生，2016）。同时，地方依恋作为人地之间的情感联结，对目的地居民（Li与Wan，2017）和旅游者（Patwardhan等，2019）的情感凝聚也存在显著的正向影响。当目的地居民感知到与旅游者之间的情感凝聚时，这种情感纽带能够正向影响其对当地旅游业发展的支持度（Moghavvemi等，2017）和对外来旅游者（Li与Wan，2017）的态度；而当旅游者感知到与目的地居民之间的情感凝聚时，能够显著提升其对目的地的安全感知（Ribeiro等，2018）、旅游满意度（许春晓与伍姣，2020）、旅游忠诚度（许春晓与伍姣，2020）和重游意向（窦璐，2016）等。情感凝聚作为旅游者和目的地居民之间亲如一体的情感关系状态，是促成旅游者积极的旅游态度和行为的重要前因变量（Erul等，2020），对旅游者行为的影响理应更广、更深远，因此，我们推测这种情感状态将可能影响到旅游者的环境负责任行为。

4.2.3 情感凝聚促进旅游者环境负责任行为的研究假设

本研究关注乡村民宿情境下旅游者的环境负责任行为，一是因为乡村民宿是乡村旅游市场的供给主体，是乡村居民参与乡村旅游以实现从旅游发展中获益的重要途径，旅游者在入住民宿期间实施的负责任行为，如爱护民宿的卫生环境（可减少旺季民宿主对劳务人员的雇用）、享用民宿既有的食材和设施（有助于减少民宿主的食材外购和设施投资从而降低民宿主的收入漏损）、关注自身行为对其他旅游者的影响（有助于民宿主提高旅游者满意度从而可持续地吸引到访旅游者）等，对民宿主的可持续性经营活动特别重要。二是因为本研究关注情感凝聚理论视角下的乡村旅游者环境负责任行为，现有研究证实主客体之间情感凝聚的强度与二者间的信念、行为和互动强度密切正相关（王雅君与林翠生，2016；许春晓与伍姣，2020）。如前调研过程中发现，乡村民宿情境下，旅游者和民宿主共处于民宿这一物理空间，会存在大量的互动交流行为，因此，二者之间更有可能生成亲密的情感，为本研究提供了理想的实施情境。

依据 Woosnam 等（2010）的研究，旅游者感知与民宿主之间的情感凝聚包含三个二阶构念，分别是欢迎程度（Welcoming Nature）、情感亲密度（Emotional Closeness）和同情理解（Sympathetic Understanding）。从旅游者视角看，受欢迎程度即旅游者入住民宿期间，民宿主对其持有的热情好客态度；情感亲密性指旅游者与民宿主之间的情感亲密程度；而同情理解指的是旅游者站在民宿主的立场、透过民宿主的眼睛看问题。可见，情感凝聚能够显著改善旅游者在民宿情境下的情感体验，当民宿主把旅游者当成来自远方的朋友或亲人欢迎，而非简单地把旅游者当成获取经济利益的“他者”，旅游者就较容易对民宿主产生积极的情感体验，更愿意站在民宿主的立场，理解民宿存在的不足，旅游者对民宿主就产生了亲密如一体的“我们（We）”的积极情感。旅游作为一种以体验为核心的活动，旅游者积极的情感体验将影响到旅游者一系列的行为，旅游者“积极情感—环境负责任行为”这一路径已得到较多实证研究的支持。如研究显示旅游者在旅游活动中感知到的敬畏情绪（Wang 与 Lyu，2019；祁潇潇等，2018）、旅游者的地方依恋情感（Halpenny，2010；Tonge 等，2014；范钧等，2014）等，都对其环境责任行为具有明显的解释力，且第 3 章研究内容已证实旅游者和乡村旅游目的地之间的情感契合对其环境责任行为也具有较强的预测能力，最新的实证研究更是直接证明旅游者与目的地居民之间的情感凝聚能够显著影响其自然环境负责任行为（Li 等，2021）。而且，根据社会交换理论（Homans，1958），当旅游者在民宿情境下获得了积极的情感体验时，他们也更愿意付出积极的行为作为回报。因此，本研究推断，在中国的乡村民宿情境下，旅游者与民宿主之间情感凝聚的三个二阶维度，都能够显著改善旅游者的积极情感，从而促使其采取一系列有利于民宿主的行为，包括其环境负责任行为。基于此，提出以下研究假设：

H1：乡村民宿情境下，受欢迎程度显著正向影响旅游者的环境负责任行为。

H2：乡村民宿情境下，情感亲密度显著正向影响旅游者的环境负责任行为。

H3：乡村民宿情境下，同情理解显著正向影响旅游者的环境负责任行为。

4.3 研究设计

如上所述，目前关于旅游者负责任行为的研究多以目的地或景区为背景研究旅游者的环境负责任行为。但是乡村民宿情境下的旅游者负责任行为具有不同于目的地或景区背景下的行为特征，其不仅涉及了旅游者对自然环境造成直接影响的环境负责任行为，还涉及其他与旅游者决策有关的经济环境负责任和社会文化环境负责任行为。现有的环境负责任行为量表难以直接用于测量乡村民宿情境下的旅游者的环境负责任行为。

基于此，本研究拟开展两个研究。研究 1 的目的是开发乡村民宿情境下旅游者负责任行为的测量量表。因此采用扎根理论的定性研究方法展开研究：通过对有过乡村民宿住宿体验的 8 个旅游者进行焦点小组访谈，开发出符合乡村民宿住宿情境的旅游者负责任行为测量题项库，并借助扎根理论通过三级编码形成乡村民宿情境下的旅游者负责任行为测量量表。研究 2 的目的是验证乡村民宿情境下旅游者负责任行为测量量表的有效性，并在此基础上检验旅游者感知与民宿主之间的“情感凝聚—负责任行为”的结构路径。因此采用定量研究法：通过调查问卷获取数据进行验证性因子分析和结构方程模型检验。具体研究设计见图 4–2。

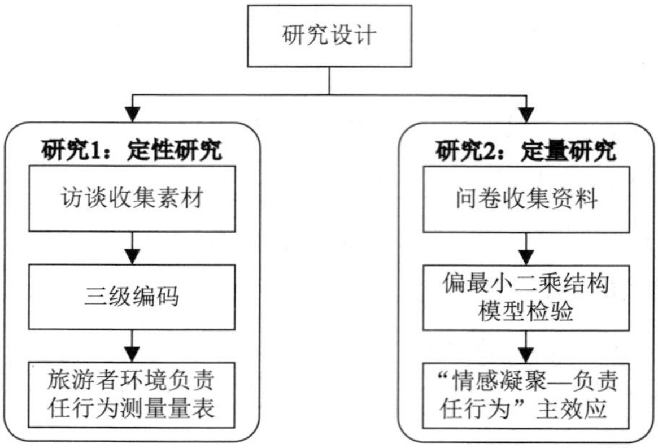

图 4–2　研究设计

4.4 研究 1：乡村民宿情境下旅游者负责任行为量表开发

4.4.1 数据获取

本研究于 2020 年年初选取了 2019 年内有过乡村民宿住宿体验经历的对象进行访谈。访谈开始前一周先告知被访谈对象此次访谈的主题，即了解被访谈对象对乡村民宿情境中负责任行为的意见、看法及建议，以便被访谈对象为接下来的深度访谈做准备。访谈正式开始之后，本研究先就负责任旅游的概念内涵向访谈对象进行解释说明，以确保访谈对象对负责任旅游有一个初步的理解；然后进入正题开展深度访谈。本研究最终获取到了 8 份一手素材，这些素材在性别、年龄、受教育程度、民宿停留时间等方面具有一定的代表性（表 4–1），为后续运用扎根理论开发乡村民宿情境下的负责任旅游行为量表提供了可靠的原始资料。

表 4–1　受访谈对象的基本情况信息

被访谈对象	性别	年龄	受教育程度	民宿停留时间（晚）	民宿地
1	女	24	本科	5	重庆
2	男	64	高中	21	云南普洱
3	女	27	专科	5	山西长治
4	男	41	博士	3	山西晋城

续表

被访谈对象	性别	年龄	受教育程度	民宿停留时间（晚）	民宿地
5	男	22	本科	10	山西晋城
6	女	23	本科	10	山西晋城
7	男	34	硕士	3	山西晋城
8	女	37	硕士	3	山西晋城

4.4.2 数据分析与结果

扎根理论分析是质性研究的重要方法，该理论强调从一手的实践资料入手，通过对原始资料进行整理、分析和归纳，概括得出新发展的概念与范畴，逐步发展成为既符合客观实际又具有应用价值的理论框架，注重“发现归纳逻辑”而非“验证演绎逻辑”，是将实证与理论有效结合的重要研究方法。扎根理论在旅游和社会领域的定性研究中应用广泛，是对深度访谈资料开展分析的有效手段（乔浩浩等，2023）。

基于此，本研究运用扎根理论的三级编码即开放式编码、主轴编码和选择性编码对收集到的一手素材进行分析。编码过程由 3 位旅游领域的学者分别独立进行，编码时参考旅游者负责任行为的定义并结合乡村民宿具体情境制定编码规则，编码结束后对不一致的编码协商讨论后确定。最终编码结果如表 4–2 所示。

表 4–2　旅游者负责任行为三级编码结果

选择性编码	主轴编码	开放式编码
旅游者环境负责任行为	生态环境负责任行为	爱护民宿及周边卫生环境
		节约用水、用电
		减少食物浪费
	社会环境负责任行为	尊重民宿主语言、生活方式
		自助行为和助他行为
		尊重民宿中的其他旅游者
		遵守民宿安全文明公约 尊重当地生活习惯，入乡随俗

续表

选择性编码	主轴编码	开放式编码
旅游者环境负责任行为	牺牲舒适度行为	不挑剔，接受民宿既有设施 享受民宿主既有食物
		爱护民宿既有设施设备，不破坏
		遵守民宿主的用餐和作息时间
		自备水杯、拖鞋、洗漱用品等

可见，旅游者对自己环境负责任行为的界定，既涉及生态环境方面的负责任行为，如旅游者认为自己在入住民宿期间要爱护民宿及其周边环境，节约用水和用电等，访谈中旅游者提到“我们住在农家乐要讲究卫生，自己打扫房间，起码也要保持自己房间的整洁”“我们住农家乐要节约用水和用电，自己打扫卫生”等，也包括社会文化环境方面的负责任行为，如旅游者提到“住农家乐要避免吵闹和大声喧哗，农家乐房间之间距离较近，隔音效果较差，大声喧哗会影响其他客人休息，所以要降低噪声污染，尊重其他人”“农家乐不像酒店，有比较私密的卫生间，我们在共用洗漱间时，要前后有序，举止文明，避免拥挤争吵”“住农家乐不同于星级酒店，不能什么事都等着房东阿姨做，我们能自己完成的就要尽量自己完成，可以自己打扫卫生，自己端饭取菜等，还可以和主人共同完成饭菜的准备，体验不一样的当地农家生活，有一次我们和阿姨一起动手包饺子，觉得特别开心，饺子也吃得特别香”等；也包括一定的经济环境负责任行为即牺牲舒适度的负责任行为，如有旅游者提到“住民宿要自带拖鞋和梳洗用品，少饮用瓶装水，自备水杯或水壶等用品”“出去玩要如果要回来吃饭就要按时，不然房东阿姨还得给我们留着饭，不断加热”“有什么吃什么，不能为了口腹之欲而提太多要求”“农家乐有没有热水器和电视其实都无所谓，就当体验过去的乡下生活了，没有了电视的干扰，晚上可以坐在院子里跟家人、房东阿姨和其他旅游者聊聊天，抬头看看天上的星星，感觉生活也非常美好”等。

4.5 研究 2：量表的效度检验和变量的结构路径检验

研究 2 的主要目的是对研究 1 设计的乡村民宿情景下旅游者负责任行为量

表进行验证性因子分析及理论模型的结构路径分析，因此采用定量研究方法。

4.5.1 数据收集

正式调研之前对问卷进行试测，首先邀请长治学院 2017 级参加了暑期社会实践且入住了民宿、有民宿住宿体验感知的学生对问卷进行阅读，在确保问卷测试题项不存在歧义的前提下，针对研究者熟悉的、近期有过乡村旅游目的地出游经历及乡村民宿住宿体验经历的朋友进行预调查，对回收的 76 份问卷进行信度和效度测试，结果显示各潜变量的 Cronbach's α 系数大于 0.7，剔除测量题项的因子载荷在 0.01 的显著水平下小于 0.5 的因子（“自助行为和助他行为”“尊重当地生活习惯、入乡随俗”“自备水杯、拖鞋、洗漱用品等”3 个测量题项因子载荷低于 0.5，而且删除后潜变量“社会环境负责任行为”和“经济环境负责任行为”子量表的 Cronbach's α 系数显著提高，符合测量题项删除标准，予以删除），在保证量表较好的信度和效度前提下形成正式问卷。

正式调研借助“问卷星”网站平台进行数据收集，于 2020 年 4—5 月份在晋东南地区的部分传统村落，邀请在民宿中住宿的游客扫码填写，由于受新冠疫情的影响，乡村民宿中住宿的游客较少，因此最后仅收回有效问卷 206 份。虽然样本量不是很充足，但达到了量表测量题项（本研究两个构念的测量题项共 20 题）的 10 倍，基本能够满足分析需要。

样本的基本情况如表 4-3 所示。性别结构上，男性样本占比 32%，女性样本占比 68%。年龄结构上，18—25 周岁的样本最多，占比达 61.7%，调研中发现被试主要是本地人，受新冠疫情影响出不了门打工或上学，因此选择“五一”假期来乡村呼吸一下新鲜空气，46 周岁以上的旅游者较少，占比仅 6.8%，我们推测可能是因为当时仍处于新冠疫情防控期，年龄偏大的人群相对保守，且对乡村民宿的卫生保障持怀疑态度，因此出游较少。样本受教育程度方面，具有本科学历者最多，占比 65.0%。家庭年收入方面，分配相对均匀，以 6 万—10 万元占比最高（26.2%），其次是 10 万—20 万元，占比 24.8%。乡村民宿住宿经历上，第一次入住者占比最高，为 56.3%，2—3 次的样本也占有相当比例，占比 33.0%。

表 4-3　样本基本信息统计

项目		频次	频率（%）	项目		频次	频率（%）
性别	男	66	32.0	家庭年总收入	3 万元以下	44	21.4
	女	140	68.0		3 万—6 万元	54	26.2
年龄	18—25 周岁	127	61.7		6 万—10 万元	38	18.4
	26—35 周岁	32	15.5		10 万—20 万元	51	24.8
	36—45 周岁	33	16.0		20 万—30 万元	8	3.9
	46—55 周岁	11	5.3		30 万—50 万元	5	2.4
	56 周岁及以上	3	1.5		50 万—100 万元	2	1.0
最高学历	初中及以下	1	0.5		100 万元以上	4	1.9
	高中、中专、技校	5	2.4	乡村民宿住宿次数	第 1 次	116	56.3
	大学专科	12	5.8		2—3 次	68	33.0
	大学本科	134	65.0		4—6 次	14	6.8
	硕士研究生及以上	54	26.2		7 次及以上	8	3.9

4.5.2 测量模型检验

本研究使用偏最小二乘法结构方程模型（PLS-SEM）对理论模型信效度和因果关系进行检验。PLS-SEM 不需要严格要求测量变量数据的正态性分布，依据 Hair 等（2011）的研究，PLS-SEM 非常适合进行预测性研究和理论的发展，与本研究情形较为相似。首先采用 SmartPLS2.0 的 Algorithm 算法对测量模型的参数值即观测变量和潜变量之间的关系进行检验，结果见表 4-4。根据 Wetzels 等（2009）的研究，如果潜变量的组合信度和 Cronbach's α 系数均达到大于等于 0.7 的标准，模型即达到信度标准。本研究中各构念量表的 Cronbach's α 系数介于 0.864—0.973，达到大于 0.7 的检验要求。各变量的组合信度在 0.917—0.982，大于推荐值 0.7，说明本研究问卷信度达到标准。

聚合效度检验的是观测变量对其类属于某一潜变量的同质性程度，在结构方程模型中主要通过各观测变量的标准化因子负荷及由相应 T 值所反映出的显著性水平来进行检验，要求各观测变量的标准化因子负荷大于 0.7。本研究的 6 个潜变量中，受欢迎程度 3 个观测变量的因子载荷为 0.881—0.889，情感亲密度

3 个观测变量的因子载荷为 0.904—0.941，同情理解 4 个观测变量的因子载荷为 0.838—0.926；旅游者生态负责任行为 3 个观测变量的因子载荷为 0.764—0.939；旅游者社会负责任行为 3 个观测变量的因子载荷为 0.892—0.901；旅游者经济负责任行为即牺牲舒适度行为的 4 个观测变量的因子载荷为 0.784—0.902。各观测变量的因子载荷均满足大于 0.7 的推荐值，表明量表具有较好的聚合效度。

表 4–4　问卷的信效度分析

潜变量与观测变量	因子载荷	Cronbach's α	组合信度	AVE 值
1. 受欢迎程度		0.864	0.917	0.785
民宿主人非常欣赏我给他们带来的经济贡献	0.888			
我因受到民宿主人的欢迎而感到自豪	0.881			
我觉得民宿主人非常感激我们的到来	0.889			
2. 情感亲密度		0.924	0.951	0.867
我和民宿主人成了朋友	0.904			
我非常热爱乡村的民宿主人	0.926			
我感觉和民宿主人的关系非常亲密	0.941			
3. 同情理解		0.898	0.928	0.765
我非常理解乡村的民宿主人	0.848			
我愿意平等对待乡村的民宿主人	0.883			
我认同乡村的民宿主人	0.926			
我和乡村的民宿主人有共同之处	0.838			
4. 生态负责任行为		0.916	0.946	0.856
爱护民宿及周边卫生环境	0.939			
节约用水用电	0.928			
减少食物浪费	0.764			
5. 社会负责任行为		0.973	0.982	0.949
尊重民宿主人语言和生活方式	0.901			
尊重民宿中其他旅游者	0.892			
遵守民宿安全文明公约	0.893			

续表

潜变量与观测变量	因子载荷	Cronbach's α	组合信度	AVE 值
6. 牺牲舒适度行为		0.911	0.937	0.792
接受民宿既有设施	0.784			
享受民宿既有食物	0.814			
爱护民宿设施设备，不破坏	0.902			
遵守民宿主人用餐及作息时间	0.827			

区别效度检验某一特定概念与其他概念之间的差异程度。一般采用 AVE 作为检验指标，要求各潜变量 AVE>0.5。同时要求各潜变量的 AVE 的平方根值要大于其与其他潜变量间的相关系数。本研究中的 6 个潜变量平均方差提取 AVE 值为 0.765—0.949，大于可接受的 0.5 的标准要求。同时由表 4–5 可见，各构念 AVE 值的平方根大于与其他构念间的相关系数，表明变量的区别效度良好。由此可见，研究 1 定性分析编码的旅游者负责任行为问卷信效度充分。

表 4–5　量表的区别效度

理论构念	1	2	3	4	5	6
1. 受欢迎程度	[0.886]					
2. 情感亲密度	0.713	[0.931]				
3. 同情理解	0.733	0.714	[0.874]			
4. 生态负责任行为	0.495	0.359	0.641	[0.925]		
5. 社会负责任行为	0.498	0.344	0.629	0.781	[0.974]	
6. 牺牲舒适度行为	0.461	0.393	0.595	0.752	0.783	[0.890]

注：对角线 [ ] 表示平均方差提取 AVE 的平方根。

4.5.3 结构路径分析

继续采用 SmartPLS2.0 对结构方程模型进行检验。路径系数及其显著性结果如图 4–3 所示，可见情感凝集的第一个维度即受欢迎程度显著正向影响旅游者生态环境负责任行为（β=0.162，t=2.474）和社会环境负责任行为（β=0.200，t=3.227），但受欢迎程度对旅游者经济环境负责任行为的影响虽然是正向

（β=0.095），但是显著性（t=1.363）略低于统计检验的标准所需（一般认为统计检验最低标准为 $p<0.1$，即 $t>1.645$），因此认为受欢迎程度对旅游者经济环境负责任行为的影响不显著，笔者推测主要由于经济环境负责任行为需要旅游者牺牲一定的旅游舒适度，旅游者在乡村民宿住宿的短暂时间内，会认为受到民宿主的欢迎是情理之中，这种受欢迎程度并不能达到让旅游者愿意牺牲自己的旅游舒适度而成全民宿主获益的程度。情感凝聚的第二个维度即情感亲密程度对旅游者的生态环境负责任行为（β=0.266，t=5.155）、社会环境负责任行为（β=0.293，t=5.186）和经济环境负责任行为（β=0.103，t=1.808）都有显著的正向影响。情感凝聚的第三个维度即同情理解也显著正向影响旅游者的生态环境负责任行为（β=0.714，t=12.053）、社会环境负责任行为（β=0.692，t=11.866）和经济环境负责任行为（β=0.599，t=9.309）。

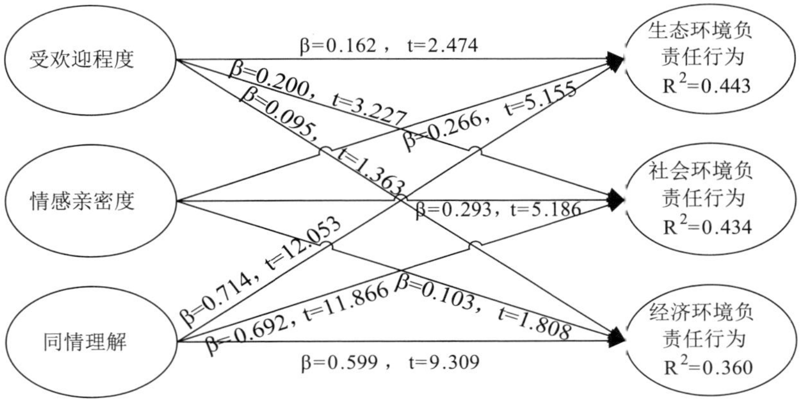

图 4–3　模型结构路径结果

R^2 表示外源潜变量对内源潜变量变异的解释力，生态环境负责任行为作为一个内源潜变量，其判别系数 R^2=0.443，说明生态环境负责任行为可以被情感凝聚解释 44.3% 的方差；旅游者社会环境负责任行为的判别系数 R^2=0.434，说明旅游者社会环境负责任行为的方差可以被解释 43.4%；旅游者经济环境负责任行为的判别系数 R^2=0.360，说明旅游者经济环境负责任行为的方差可以被解释 36.0%；依据消费者行为研究领域 R^2 只需要大于 0.2 的标准，本研究达到可接受标准。

拟合优度（goodness-of-fit）代表模型的整体预测能力，是潜变量的共同度均值和判别系数均值的几何平均数。本研究的总体拟合优度为 GoF=0.586。依据 Wetzels 等 2009 年提出的拟合优度 3 个层次的划分标准，本研究模型的总体拟合优度高于强拟合优度的判断标准（GoF_{large}>0.36），说明本研究模型的总体拟合优度很高。

4.6 结论与建议

4.6.1 研究结论

本研究在乡村振兴背景下，以乡村民宿为情境，探讨旅游者与乡村民宿主人之间的情感凝聚对旅游者环境负责任行为的驱动机制。以晋东南地区传统村落为案例地收集数据，采用定性和定量相结合的研究方法，实证检验旅游者环境负责任行为的维度及“情感凝聚—环境负责任行为”影响路径的存在性，得出以下研究结论。

（1）乡村民宿情境下，旅游者环境负责任行为不仅包括生态环境负责任行为，而且包括社会环境负责任行为和经济环境负责任行为。当前大多数对旅游者环境负责任行为的研究都重点关注了旅游者的生态环境负责任行为，对旅游者的社会环境负责任行为特别是经济环境负责任行为关注微乎其微。本研究通过访谈获取数据资料，采用三级编码发现，乡村民宿情境下，旅游者的环境负责任行为包括了生态环境、社会环境和经济环境三个维度的负责任行为。但是情感凝聚对旅游者三个维度环境负责任行为的影响程度却不相同，影响程度最高的是旅游者的社会环境负责任行为，其次是生态环境负责任行为，影响最小的是经济环境负责任行为。

（2）旅游者感知的与民宿主之间情感凝聚的第一个二阶构念即受欢迎程度能够显著促进旅游者的生态环境负责任行为和社会环境负责任行为，但是对旅游者经济环境负责任行为的影响不显著。情感凝聚的第二个二阶构念即情感亲密度对旅游者三个维度的环境负责任行为均影响显著，影响程度从高到低依次是社会环境负责任行为（β=0.293）、生态环境负责任行为（β=0.266）和经济环境负责任行为（β=0.103），相比较而言，对旅游者经济环境负责任行为的影响程度最低。情感凝聚的第三个二阶构念即同情理解对旅游者三个维度的环境负责任行为均影响显著，影响程度从高到低依次是生态环境负责任行为（β=0.714）、社会环境负责任行为（β=0.692）和经济环境负责任行为（β=0.599）。

（3）分析旅游者感知的与民宿主之间情感凝聚的三个二阶构念对旅游者环境负责任行为的影响可以发现，同情理解对旅游者环境负责任行为的影响程度最高，其次是情感亲密度，影响程度最低的是受欢迎程度。对旅游者而言，外出到乡村旅游入住民宿，受到民宿主的诚挚热烈欢迎是应有之义，旅游者并不会感觉得到了特殊的情感体验，因此对旅游者态度和行为的影响程度较低。但是情感亲密却是旅游者外出旅游情感体验的重要方面，人是社会性动物，人生来需要情感满足自己的社会需求，当今社会随着智能电子设备的普及，人们将越来越多的时间分配给电子屏幕，人际交往越来越少，感觉越来越孤独，给人们的身心健康和幸福感都带来了极大的负面影响。乡村旅游中当旅游者入住民宿时，以情感为主要特征的人际交往能够显著改善旅游者旅游的情感体验，从而对其包括环境负责任行为在内一系列行为和态度产生显著正向影响。而同情理解更是加深了旅游者对民宿主的理解，能够站在民宿主的立场思考问题，因此对其环境负责任行为的影响程度最大。

4.6.2 实践启示

新时代乡村振兴战略背景下，旅游者环境负责任行为是保障村民通过经营民宿可持续地脱贫致富的必要前提。基于上述研究结论，启示民宿主借助情感凝聚这一工具有效激发和促进旅游者的环境负责任行为。

（1）重视利用旅游者感知的和乡村居民之间的情感凝聚激发其在乡村旅游地的社会环境负责任行为。目的地发展旅游业势必会带来客源地文化和目的地文化的碰撞，多数研究发现，虽然将目的地独特文化作为核心吸引力对旅游业的发展发挥重要作用，但处于经济优势方的客源地文化往往会在文化碰撞过程中带来目的地文化的弱化甚至消失。乡村文化是我国传统文化的重要组成部分，旅游者在乡村旅游地的社会环境负责任行为对于增强乡村居民文化自信、保护传承乡村传统文化意义重大。现代化和城市化大潮对乡村传统文化造成严重挤压，加上大量乡村青壮年离土离乡后造成的空心化趋势，乡村传统文化正在加速消失，大量乡村赖以维系秩序的传统文化根基被动摇，紧密的社会网络趋向散裂，乡村文化呈现出失落的样态。如果旅游者在外出乡村旅游时又对乡村文化不认同，实施社会环境不负责任行为，就极易造成乡村居民的文化不自信，从而模仿学习城市客源地文化，此时乡村旅游将可能扮演加速乡村文化消失而非促进乡村文化振兴之角色，因此提高旅游者对乡村文化的认同、激发旅游者的社会环境负责任行为尤为重要。研究结论显示，情感凝聚理论对乡村旅游者的社会环境负责任行为影响程度很高，因此乡村旅游目的地应重视促进旅游者和乡村居民之间的情感凝聚，学者研究已证实目的地居民和旅游者之间共同的信念、共同的行为及互动有助于提高二者之间的情感凝聚，因此乡村旅游经营者要通过提高旅游者和目的地居民的社会交往、共同参加一些社会活动或节庆活动等方式，提高旅游者感知的情感凝聚强度，借助旅游者感知情感凝聚程度的提高，进一步激发乡村旅游者的社会环境负责任行为，促进乡村文化的保护、传承和振兴，继承并发扬乡村社会的本土文化特色。

（2）重视利用旅游者和民宿主之间的情感亲密度特别是旅游者对乡村民宿主的同情理解激发旅游者的经济环境负责任行为。旅游者的经济环境负责任行为对部分地理位置偏远、交通不便的乡村旅游地民宿而言意义重大。在课题组的调研中发现，平顺县石城镇的部分传统村落，位置偏远、交通不便，然而民宿主为了满足旅游者的饮食需求，往往需乘坐交通工具到较远的镇上采购食材，既因交通工具的使用带来碳排放量的增加，也造成了民宿主收入的较大漏损。如若旅游者能够欣然享受民宿主的既有食材，实施经济环境负责任行为，不仅能够减少民宿主的收入漏损，也会因减少交通工具碳排放量而对生态环境有益。特别是受2020年新冠疫情的影响，乡村民宿几个月均处于接待停滞状态，部分之前为了满足旅游者享受需要而贷款改善民宿设施、设备和环境的民宿主，前半年因贷款利息压力使其异常艰难。可见鼓励旅游者在乡村民宿实施经济环境负责任行为影响重大。研究结论显示，旅游者感知的和民宿主之间的情感亲密度，特别是旅游者对民宿主的同情理解能够显著正向影响旅游者的经济环境负责任行为，因此目的地居民特别是民宿主应重视利用旅游者的情感亲密度和同情理解激发其经济环境负责任行为。

（3）重视利用旅游者的情感凝聚激发旅游者的生态环境负责任行为。生态环境负责任行为是当前旅游者环境负责任行为研究的主流，可见旅游者生态环境负责任行为对于目的地保护生态环境、践行习近平总书记“绿水青山就是金山银山”理论有重要意义。乡村旅游地发展乡村旅游很大程度上也需依赖乡村的生态环境，宁静、绿色、惬意的乡村生活是当下城市人群对美好幸福生活的重要向往，保护好乡村旅游地的生态环境有助于乡村旅游业的可持续健康发展。因此，鼓励旅游者在乡村旅游地实施生态环境负责任行为是乡村旅游地的内在需要。研究结论显示情感凝聚理论有助于激发旅游者的生态环境负责任行为，因此乡村旅游地应加强对乡村居民和乡村旅游经营者的培训，加强和旅游者的互动与交流，特别是非经济交换性质的互动与交流，提高旅游者感知的情感凝聚强度，主动实施生态环境负责任行为。同时，乡村旅游地也应强化生态环境负责任行为知识和技能的宣传与教育，强化对旅游者行为规范的提示，积极传播乡村旅游地的环境提示信息。

（4）对民宿主而言，要想方设法促进旅游者情感凝聚感知强度的提升。已有研究显示，目的地居民和旅游者之间共同的信念、共同的行为及互动有助于提高二者之间的情感凝聚强度，这启发乡村旅游从业者如民宿主，借助这些前因变量提高旅游者的情感凝聚。如在旅游者的休闲过程中借助聊天分享等方式，帮助旅游者理解当地的生活方式和文化，强化二者的共同信念，同时提高与旅游者的非工具性社会交往互动，共同参加一些乡村举办的社会活动或节庆活动等。对乡村旅游目的地的管理者而言，要强化对乡村居民和乡村旅游从业者的帮扶和培训。当前，部分传统村落居民和旅游从业者经营技能和经验不足，不清楚该如何与旅游者进行互动与交流，特别是非功利性质的互动与交流，因此乡村旅游目的地管理者需要对从业者的技能进行培训，帮助其掌握为旅游者服务时的互动与交流技巧。

本研究对乡村旅游者在乡村民宿情境下的情感凝聚感知及其对旅游者环境负责任行为的影响进行了初步探索，证实了乡村民宿情境下旅游者与民宿主“情感凝聚—负责任行为”影响路径的存在性，为乡村旅游者环境负责任行为的激发和促进提供新的理论视角。但研究依然存在一些不足，有待后续研究进一步探讨。首先，本研究仅证实了“情感凝聚—旅游者环境负责任行为”这一主效应的存在性，但是对于情感凝聚作用于旅游者环境负责任行为的机制原理和边界范围却未进行研究，后续需进一步对情感凝聚作用于旅游者环境负责任行为的中介及调节机制加以探讨。其次，对旅游者情感凝聚的前因变量本研究也未作讨论，这样在如何提高旅游者的情感凝聚时，管理建议将缺乏针对性，因此今后需建立更全面的模型综合研究提高旅游者情感凝聚的前因变量。最后，本研究仅选取了山西省晋东南地区的几个传统村落进行调研，但是山西乡村众多，不同的乡村具有不同的旅游特色和民宿形态，旅游者在不同地区及不同形态的乡村民宿中其情感凝聚感知是否一致，存在很大的不确定性，后续需要进一步扩大调研范围获取数据进行研究，提高研究结论的外部效度。

Part 5

第 5 章　旅游者红色文化资源负责任行为的驱动机制

5.1 太行山革命老区乡村红色旅游概述

中国乡村数量众多，类型多样，不同的乡村有着不同的开发乡村旅游所依托的资源，红色文化资源即属于部分乡村旅游开发依托的重要资源类型。特别是在晋东南地区的长治市武乡县、黎城县和平顺县等地，这里属于太行山革命老区，大量乡村保留着抗日战争时期遗留下来的红色遗址遗迹，如武乡县的上北漳村保留着中共中央北方局党校旧址，石板村作为八路军一二九师、三八五旅十四团、冀南银行三分行、后勤部华龙纺织厂、决死一纵队修枪所、太行三分区炸弹厂、武东县委县政府等机构的曾经驻地，也保留了许许多多的红色革命旧址和抗战旧迹、遗物，王家峪保留着朱德、彭德怀、左权、邓小平等老一辈革命家战斗过的八路军总司令部旧址等。同时，长治市的武乡县域还是中国共产党人精神谱系——太行精神的主要诞生地。这些有形的红色遗址遗迹和无形的红色革命文化精神都成为这些村庄乡村旅游发展的重要资源依托。

据武乡县的文物摸底普查，仅武乡县现在就有各类红色革命旧址多达 1768 处，2021 年武乡县凭借这些独特的红色文化资源，成功申报中央专项彩票公益金支持欠发达革命老区乡村振兴示范区，找准了红色旅游和乡村振兴之间的最佳契合点，加强与武乡县城已开发较成功的八路军太行纪念馆、太行干部学院、武乡八路军文化园联动，在研学教育、党政培训、红色旅游等领域建立全面、深入的战略合作关系，全力打造“中国乡村红色文化记忆工程”[①]。由此可见，盘活晋东南地区这些县域的乡村红色文化资源，能够帮助这些县域的乡村依托红色文化和旅游融合发展巩固拓展脱贫攻坚成果，助力乡村振兴实现跨越式发展。

5.2 乡村红色旅游情境下旅游者负责任行为的提出

红色文化资源利用与红色旅游开发具有不同于其他类型乡村观光和度假旅游发展的典型特点，虽然乡村依托红色文化资源发展红色旅游的首要目的也是获取红色旅游的积极经济效应，助力革命老区乡村的振兴发展，但是依托红色旅游的开发实现红色文化的创新、传承与弘扬，坚定人们的红色文化自信，弘扬爱国主义教育，增强人们的政党和国家认同，推动人们积极践行社会主义核心价值观等社会文化效应的发挥也是乡村发展红色旅游的重要目标。习近平总书记指出，红色资源是我们党艰辛而辉煌奋斗历程的见证，是最宝贵的精神财富。要用心用情用力保护好、管理好、运用好红色资源。可见，在当前我国积极建设文化强国、提升国人中华文化自信的背景下，获取乡村红色旅游的积极社会文化效应比经济效应更加重要和紧迫。

然而，红色旅游积极社会文化效应的发挥，需要以红色旅游市场的真正繁荣为前提。但是，当前我国红色旅游市场的繁荣，更多是源于国家及各地政策红利下的供给驱动，有效市场需求明显不足：已有研究显示我国红色旅游市场仍以党员干部、团员学生、军人等为主体（高楠等，2020）；普通群众关注热情并不高，主动参与和重游意愿也不强（朱丽与李美，2020）。且红色旅游市场也存在部分旅游者的非理性诉求，盲目追求红色旅游的休闲性、娱乐性和趣味性，忽视红色文化内涵，如很多旅游者到了红色旅游目的地或景区会发出一句“这里不好玩啊”的感叹或发出其他抱怨，这些非理性诉求使得部分红色旅游乡村在规划建设的过程中存在去红色文化底蕴、突出娱乐氛围营造的错误倾向，造成红色文化资源的严重滥用及破坏，给乡村红色旅游的高质量发展带来障碍，给借助红色旅游发展推进太行山革命老区特别是武乡县域的乡村振兴带

① 武乡：红色资源赋能乡村振兴（sxdygbjy.gov.cn）。

来巨大挑战。在这样的背景下，研究如何提高红色旅游者的忠诚度并引导其积极践行红色文化资源负责任行为，成为当前红色旅游研究领域亟须关注的学术命题。因为红色旅游者的忠诚度有助于扩大红色旅游的有效市场需求，而其红色文化资源负责任行为，能够有效促使旅游者的红色旅游利益诉求和行为回归理性，反过来有助于推动乡村重视保护其红色文化资源，而非仅为了追求经济利益而盲目开发滥用其红色文化资源，最终有助于这些乡村借助红色旅游的高质量可持续性发展助推乡村振兴的实现及现代化进程。

地方依恋作为人文地理学领域地方理论的核心概念，有助于培育依恋主体对依恋对象的积极态度和行为。已有大量研究证实地方依恋对提高旅游者忠诚度（Song 等，2017）、满意度（Yuksel 等，2010；余文婷，2021）和亲环境行为倾向（范钧等，2014；Tonge 等，2014）等有显著的正面效应。红色旅游情境下的实证研究也显示，旅游者的情感依恋能够显著正向影响其环境负责任行为（Righetti 等，2015）。然而，将地方依恋理论整体应用于红色旅游情境的相关研究较少。鉴于此，本章内容期望在乡村红色旅游情境下，探讨旅游者对红色乡村的地方依恋对其目的地忠诚度和红色文化资源负责任行为的影响和作用机制，期望在理论上拓展地方依恋理论的研究内容和应用情境，实践上为我国红色文化基因传承及乡村红色旅游高质量发展提供理论支撑和实践启示。

5.3 理论模型的构建

5.3.1 地方依恋与红色旅游忠诚度

1983 年，Shumaker 在段义孚所提出的恋地情结概念基础上，提出了地方依恋的理论构念，并将其界定为人们与其居住地之间的情感联结。学者认同地方依恋是一个多维概念，但对其所包含的维度，有二维（地方依赖与地方认同）、三维（地方依赖、地方认同与地方情感）和四维（地方依赖、地方认同、地方情感与社会联结）等之分。本研究借鉴 Jorgensen 和 Stedman（2001）对地方依恋的三维度划分观点，将旅游者对红色旅游乡村的地方依恋，分为地方依赖、地方认同和地方情感三个子维度，分别代表旅游者在行为、认知和情感层面对红色旅游乡村的地方感觉。

乡村红色旅游情境下，地方依赖代表旅游者对红色旅游乡村行为层面的功能依赖和行为忠诚，即部分红色旅游体验（如追忆敬仰革命英雄，获取悲痛、惋惜及忆苦思甜等积极的负面情绪体验）只有在这些红色旅游乡村才能体会得如此深刻，在别的旅游情境下要么难以感受，要么感受强度不够。地方认同代表了旅游者认知层面的地方感觉，即旅游者对这些红色旅游乡村所蕴含的红色革命精神的认同，中华传统文化孕育了中国人民关键时刻为集体和国家利益而牺牲小我的本体表达，但和平年代这样的时刻较少，因此，旅游者会视红色旅游乡村的革命精神，如革命英雄为国家利益而牺牲自我等，为一种自我本体的表达和确认，从而对承载了红色文化记忆和红色英雄事迹的红色乡村旅游目的地产生认知上的认同。地方情感则代表了旅游者对红色旅游乡村情感层面的感觉和情绪，红色旅游体验感知有助于人们反思当下，更加珍惜今天的和平生活，产生更大的奋斗动力等，特别是随着生活水平的提高，人们对生活品质和精神生活越来越重视，追随革命先辈的足迹，重温艰苦岁月，探寻生命的真谛，接受红色精神的洗礼，净化和放飞心灵成为新时代人们的旅游体验诉求，这些体验能给旅游者带来更大的幸福感与满足感，对治愈当下一些旅游者的“空心病”（因价值观缺陷而导致的人生无意义感、对生活感到迷茫、存在感缺失）有较好的疗愈功能，从而使旅游者对红色旅游乡村产生不同程度的热爱或嗜好。可见，地方依恋反映了旅游者对红色旅游乡村行为、认知和情感层面的关系强度，理应对旅游者在红色旅游乡村的一系列态度和行为产生正向影响。

旅游者忠诚是旅游研究中的重要问题，大量研究认为，旅游者忠诚度包括重游意愿和积极的口碑推荐意愿（汪侠与梅虎，2006），在此基础上，部分学者将旅游者忠诚度进行了拓展，认为旅游者的重游意愿包括了其未来游览其他同类型旅游目的地的行为（Yoon 与 Uysal，2005；吕兴洋等，2019）。基于此，本研究认为，红色旅游者忠诚度包括了旅游者积极推荐他人参观游览红色旅游目的地的口碑意愿和未来重游本红色旅游地及其他红色旅游地的积极行为意愿。可见，旅游者的红色旅游忠诚度能够有效扩大红色旅游市场需求，对繁荣红色旅游市场有重要意义。如上所述，地方依恋能够影响旅游者在红色旅游乡村的一系列态度和行为，非红色旅游情境下的大量研究均证实地方依恋能够有效提高旅游者忠诚度。基于此，本研究认为地方依恋也有助于促进旅游者的红色旅游忠诚度，提出以下研究假设：

H1a-c：地方依恋（地方依赖、地方认同、地方情感）直接显著正向影响旅游者对红色旅游乡村的忠诚度。

5.3.2 地方依恋与红色文化资源负责任行为

如前所述，旅游者负责任行为缘起于负责任旅游，研究者普遍认为旅游者的负责任行为是以其行为或行动为基础，强调旅游者为减少其行为对旅游业的负面影响而采取的对旅游业多方面负责的旅游实践方式。当前，旅游者负责任行为的研究主要聚焦于旅游者的生态、经济和社会环境负责任行为。随着遗产旅游的发展，近年来学界开始关注遗产责任。张朝枝依据遗产和遗产旅游的本质属性，提出了“遗产责任”的学术概念。在此基础上，凌欢和程励等提出了旅游者的遗产负责任行为，将其界定为旅游者对遗产资源保护负责任的行为。由此可见，依据旅游者行为或行动的实践领域差异，旅游者的负责任行为涉及不同方面。

与红色旅游的广义和狭义定义相似，红色文化资源也有广义和狭义之分，本研究采用狭义的红色文化资源概念。即红色文化资源以 1921 年中国共产党的诞生为标志，是中国共产党领导人民群众，在社会主义革命、新中国建设和改革开放过程中，形成的以物质、精神和制度为载体的文化资源，反映了在中国共产党的领导下，中华民族不甘屈辱、追求和平、捍卫正义、寻求发展等的伟大精神。红色文化资源蕴含了中国共产党的社会建设方式、政治纲领和文化追求，内化为中国共产党的文化基因和中华民族伟大复兴的文化密码（周琪与张珊，2020）。可见，红色文化是具有中国特色的独特文化，在人们理想信念塑造、政治素养提升和国家制度认同等方面，均具有显著意义。

红色文化资源是太行山革命老区大量乡村的宝贵特色资源，其蕴含的独特政治、经济、文化、历史和教育价值，使其成为太行山革命老区红色旅游乡村发展乡村旅游的重要资源客体，不仅有助于太行山革命老区保护红色文化遗产，也有助于其传承红色精神、繁荣乡村文化，更有助于太行山革命老区巩固拓展脱贫攻坚成果，实现全面的乡村振兴。然而，旅游者抱着享乐等心态参与乡村红色旅游会产生大量的红色文化资源不负责任行为，这些不负责任行为特别不利于红色文化资源的保护传承和合理利用。基于此，本研究认为，红色旅游情境下，旅游者采取的对红色文化资源负责任的行为即红色文化资源负责任行为，反映了旅游者为最大限度地减少对红色文化资源的负面影响，本着尊重和保护学习的态度而非普通观光游中的最大化享乐态度参观凝视红色文化资源，这些行为有助于促进红色文化资源的保护和合理利用。旅游者的红色文化资源负责任行为有助于促进旅游者在红色旅游地参观凝视红色文化资源时的利益诉求和行为方式回归理性，从旅游者的视角而言有助于增强红色旅游教育的实效性和公信力，增强红色文化自信，助力我国文化强国战略目标的实现，对红色旅游地而言有助于红色文化资源的保护和合理利用，促进红色旅游乡村的可持续性振兴。

地方依恋和旅游者环境负责任行为之间的关系得到了大量实证研究的支持。本研究期望在红色旅游情境下进一步探讨地方依恋与旅游者红色文化资源负责任行为之间的关系。基于情感事件理论，人们的行为分为情感—驱动行为和判断—驱动行为。情感—驱动行为指行为直接受情感的影响；判断驱动行为指行为受理性判断的影响，是行为主体深思熟虑后的结果。笔者认为地方依恋中的地方情感作为旅游者对红色旅游地的热爱和嗜好程度反映，将基于情感—驱动行为模式直接对旅游者的红色文化资源负责任行为产生影响。而地方认同和地方依赖作为旅游者认知和行为层面的地方感，则基于判断—驱动行为模式首先引起旅游者的共鸣，然后对其红色文化资源负责任行为产生间接影响。因此提出如下研究假设：

H2a-c：地方依恋（地方依赖、地方认同、地方情感）直接显著正向影响旅游者的红色文化资源负责任行为。

5.3.3 红色精神共情的中介作用

共情最初源于德语 einfuhlung 一词，表示人们把自己真实的心灵感受，投射到自己所看到的事物和他人身上的一种现象（陈小芸，2013）。1909 年，学者 Tichener 开始用 empathy 代替 einfuhlung 一词，将 empathy 定义为，客体人性化的过程，感觉我们自己进入别的东西内部的过程。随着共情研究的深入，该概念经过了从认知共情向情感共情、进而向多维共情的演变。如学者 Hogan 研究认为，共情仅是对他人心理和状态的理解，当事人并未经历他人的情感体验，因此共情只能是一种认知共情，而达不到情感共情。也有学者认为，共情源于对他人情感状态的理解，并与他人当时体验到或将会体验到的、感受相似的情绪情感反应（Marinella 等，2013），是个体对他人感受的一种情感体验，共情更倾向于一种社会性情感，因此认同共情是情感共情。

红色精神共情，源于旅游者对红色旅游地宏大革命事件、艰辛革命岁月及红色英雄革命精神的心灵理解和情感体验，强调旅游者情感体验中的认同感与替代参与感。在旅游地庄严肃穆的红色文化氛围（包括物质文化氛围、精神文化氛围和制度文化氛围）下，借助展品的凝视、仪式的体验等活动，旅游者能够穿越时空，感受革命事件的宏大、革命年代的艰辛和红色英雄的奉献等红色精神，即感受到红色精神共情。如笔者曾在井冈山革命烈士陵园偶遇一位老者，当听到解说员讲解那些无名英雄之事迹时，老者跪在碑林之前，泪流满面，久久不能平静，此情此景即是老者与红色精神共情。

依恋和共情的关系一直备受学界关注。周春秀和黄丽梳理了国内外关于“依恋和共情关系”的研究，发现现有研究虽然对二者关系有争议，但大多认同依恋是共情的前因，争议存在于影响程度和作用机制上（周春秀与黄丽，2016）。基于此，本研究推测，红色旅游情境下，地方依恋能够正向影响旅游者红色精神共情。关于共情的研究也证实，共情具有很强的利他性（付晓蓉与兰欣，2020），能够影响消费者的一系列行为倾向，特别是亲社会行为倾向（Roughley 与 Schramme，2018），因具有利他性和高社会称许性等特征，受共情影响显著。对自然共情的研究显示，自然共情是观鸟旅游者环境负责任行为的前因（李文明等，2019）。依据“共情—利他”假说、借由情景迁移，本研究认为，红色精神共情在地方依恋影响旅游者的红色旅游忠诚度和红色文化资源负责任行为中也能发挥中介作用。因此，提出以下假设：

H3a-c：地方依恋（地方依赖、地方认同和地方情感）直接显著正向影响旅游者红色精神共情。

H4：红色精神共情直接显著正向影响旅游者红色旅游忠诚度。

H5：红色精神共情直接显著正向影响旅游者红色文化资源负责任行为。

5.3.4 红色教育感知的中介作用

红色旅游具有发展经济、教育旅游者、保护环境及扶贫等功能。红色旅游的教育功能区别于其他类旅游活动，主要体现在对旅游者的红色教育上（李文明等，2020）。因此，习近平总书记曾多次强调，发展红色旅游的根本目的是进行革命传统和爱国主义等红色教育，红色旅游是传播红色文化和主流价值观的重要载体（戴斌与马晓芬，2021）。基于此，学者将旅游者红色教育界定为以红色旅游活动为载体而对旅游者开展的思想政治教育（刘欢等，2018），主要通过对与红色旅游地有关的革命历史、革命事迹和革命精神等的展示、宣传和弘扬，达到影响旅游者思想政治素养，提升其政党和国家认同的目的。红色教育感知即旅游者在红色旅游地，通过参观游览革命遗址、聆听红色故事、瞻仰标志性建筑、观看历史照片和纪录片、主动参与仪式体验等方式，直观地感受、接受到的革命传统和爱国主义教育（沈彩云等，2021）。红色教育感知能让旅游者获益匪浅：在参观红色旅游乡村的过程中，旅游者对我国的革命历史、革命事迹和革命精神等，有了更深刻的认知和理解，对中国共产党和国家的认同感与依恋感也会显著增强。这些认知与情感方面的变化，能够有效增加旅游者对未来生活的热情与信心，提升人们的幸福感，让人们更加懂得感恩和珍惜当下生活。"认知—情感—意动"理论模型（刘向阳与张程程，2011）认为，个体认知、情感、态度与行为密切相关，因此本研究认为，旅游者的红色教育感知，与旅游者的红色旅游态度和行为密切相关。已有研究发现地方依恋有助于促进自然教育感知（李文明等，2019），红色教育感知有助于促进旅游者在红色旅游地的亲环境行为（李文明等，2020）。因此，为深入探讨红色教育感知在地方依恋影响旅游者红色旅游忠诚度和红色文化资源负责任行为中的作用，研究提出如下假设：

H6a-c：地方依恋（地方依赖、地方认同和地方情感）直接显著正向影响旅游者红色教育感知。

H7：红色教育感知直接显著正向影响旅游者红色旅游忠诚度。

H8：红色教育感知直接显著正向影响旅游者红色文化资源负责任行为。

基于上述分析和研究假设，本研究构建的理论模型如图 5-1 所示。

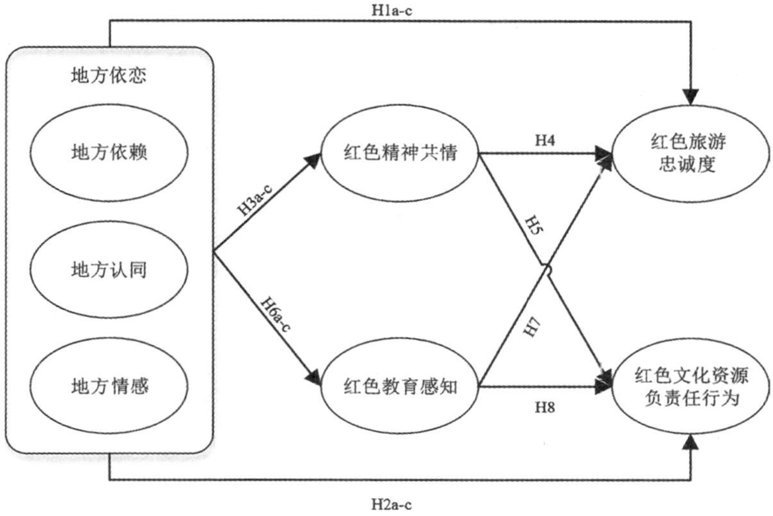

图 5–1 理论模型

5.4 研究设计

5.4.1 案例地选取

如上所述，被誉为抗战圣地的红色武乡，有“八路军的总部，子弟兵的摇篮”之美誉，在县域内的众多乡村都拥有丰富的红色文化资源，如王家峪村的王家峪村八路军总部旧址、砖壁村的百团大战砖壁指挥部旧址、长乐村的长乐村战斗纪念碑、石门村及柳沟村的八路军兵工厂蟠龙镇旧址等。近年来，武乡县坚持“把红色资源利用好、把红色传统发扬好、把红色基因传承好”，推动红色旅游助力乡村振兴。武乡县整合资源、创新模式，以八路军太行纪念馆、八路军文化园为依托，实施太行山军事文化产业园项目，创建国家 5A 级旅游景区。还通过红色旅游专线公路提升利用，串联“1+9”乡村片区沿线八路军总部王家峪旧址纪念馆、鲁艺旧址等红色资源，实现红色资源的串联展示，带动红色旅游快速发展。

图 5–2　武乡县王家峪八路军总部旧址

图片来源：调研时拍摄所得。

在推动乡村振兴上，武乡县发展“乡村旅游 + 红色研学”“乡村旅游 + 民俗文化”“乡村旅游 + 电商”“乡村旅游 + 现代农业”等新业态。同时，不断提升乡村配套服务设施和运营接待能力，形成集参观、研学、旅游、服务等功能于一体，具有革命传统体验、红色精神传承、绿色休闲观光等特色的红色旅游产品，走出一条乡村红色旅游产业高质量发展的道路，成为带动武乡旅游发展的引擎。然而，与众多其他红色旅游目的地类似，目前武乡的红色旅游以团体组织参观游览者为主，有效市场需求并不充足，而且在笔者的调研中也发现，很多旅游者在武乡的红色乡村参观游览时会实施大量的不负责任行为。因此，本研究选取武乡县域的红色旅游乡村为案例地，探究有助于促进旅游者红色旅游忠诚度和红色文化资源负责任行为的机制，有利于武乡县域红色乡村在发展红色旅游的过程中更有效地传承红色文化基因，发挥红色旅游的爱国主义教育功能。

5.4.2 变量测量

本研究中，理论模型涉及的构念包括地方依恋、红色精神共情、红色教育感知、红色旅游忠诚度和红色文化资源负责任行为，所有理论构念的测量均参考和借鉴已有研究中的成熟量表，并修正量表的适用情景。地方依恋的测量参考了 Tonge 等（2015）的研究，红色教育感知借鉴了李文明等（2020）的研究，但两个构念的测量量表均修正了其适用情景为太行山片区武乡县域的红色乡村旅游地。红色精神共情的测量参考李文明等（2019）对自然共情的研究，但修正了共情的对象为红色精神文化。红色旅游忠诚度的测量采用拓展了的旅游者忠诚度量表，红色文化资源负责任行为的量表来源于旅游者遗产负责任行为量表在红色文化资源情境下的修正。所有测量题项均采用 7 点式李克特量表（1 表示强烈不同意，7 表示强烈同意）测量。同时，为了规避问卷调查的共同方法偏差，问卷设计时，对不同构念下的测量题项进行了随机排序。

5.4.3 数据收集

正式调研之前，对问卷进行试测。首先，邀请近期去武乡见习过的大学生对问卷进行阅读，确保问卷题项不存在歧义。然后，于 2020 年 11 月对研究人员熟悉的、近期出游过武乡的亲友进行预调查，发出问卷 100 份，回收问卷 84 份，均为有效问卷，回收率和有效率分别是 84% 和 100%。最后，对问卷进行信效度测试，除了红色教育感知构念下的一个题项，即“武乡红色旅游的展览和表演是一种高尚的艺术形式”因子载荷低于 0.5，符合删除标准，其余题项信效度均符合标准。因此，删除了“武乡红色旅游的展览和表演是一种高尚的艺术形式”这一因子的量表形成正式调研问卷。

正式调研选择现场采集数据，于 2020 年 11 月 24 日至 2021 年 1 月 10 日的周末和 2021 年 4 月 10—11 日，由笔者带领长治学院旅游管理专业的两名本科生到武乡的红色旅游乡村的中心广场及停车场等位置，邀请休息中或游览结束的旅游者填写，最后共收集问卷 436 份，其中有效问卷 409 份，有效率为 93.8%。有效问卷中，男性样本占比 44.55%，女性样本占比 55.45%；年龄在 18—30 周岁的样本占 67.3%，18 周岁以下及 51 周岁及以上的旅游者较少。样本受教育程度中，具有本科学历者最多，占比 59.27%，高中次之，占比 17.13%。第 1 次到武乡的旅游者占 51.01%，3 次及以上的占 35.51%。超过 50% 的旅游者来武乡是为了缅怀革命先烈、感受红色革命氛围、了解中国革命历史等。

5.5 结果分析

5.5.1 信效度检验

研究采用 SPSS23.0 和 AMOS24.0 对问卷的信效度进行检验。各构念量表的 Cronbach's α 系数介于 0.912—0.946，组合信度介于 0.911—0.947，问卷信度充分。一阶验证性因子分析结果显示，模型总体拟合效果为：df=254>0，GFI=0.845，CFI=0.934，NFI=0.922，IFI=0.935，TLI=0.922，除 GFI 略小于 0.9 外，其余指标均达到大于 0.9 的理想标准，PGFI=0.664，达到大于 0.5 的标准要求，RMSEA=0.078，符合小于 0.08 的标准。各构念观测题项的因子载荷介于 0.824—0.942，满足大于 0.6 的推荐值，量表的收敛效度得以验证。构念平均方差提取 AVE 值为 0.719—0.847，大于可接受的 0.5 要求（表 5-1）。各构念 AVE 值的平方根大于与其他构念间的相关系数，变量的区别效度得到支持（表 5-2）。

表 5-1 量表的信效度结果

潜变量与观测变量	因子载荷	克朗巴哈系数	组合信度	平均方差提取
1. 地方依赖		0.940	0.941	0.842
相对太行山区的红色旅游，武乡是最好的去处	0.924***			
到武乡旅游相比其他太行红色旅游地，能获得更大满足感	0.934***			
太行山区的其他目的地无法代替武乡来开展红色旅游	0.895***			
2. 地方情感		0.934	0.935	0.783
对武乡怀有强烈的好感	0.875***			
喜爱武乡	0.916***			
如果离开很久，会想念武乡	0.899***			
很多亲友对武乡的喜爱都超过太行山的其他红色旅游地	0.848***			

续表

潜变量与观测变量	因子载荷	克朗巴哈系数	组合信度	平均方差提取
3. 地方认同		0.943	0.943	0.847
对武乡有强烈的认同感	0.927***			
感觉武乡就是自我的一部分	0.931***			
访问武乡反映出自己是一个怎样的人	0.903***			
4. 红色精神共情		0.932	0.933	0.776
能体会到抗战时期革命英雄的奉献精神	0.881***			
能感受到武乡在抗战时期的艰辛和不易	0.894***			
能从英雄人物的视角去感受他的情感体验	0.880***			
脑海中会清晰浮现革命年代革命人物的艰难处境和英勇献身情景	0.868***			
5. 红色教育感知		0.912	0.911	0.719
武乡之行提升了对共产党的理解和认同	0.885***			
武乡之行坚定了共产主义信仰	0.834***			
武乡之行激发了爱国热情	0.824***			
武乡之行学到了艰苦奋斗、诚实守信、无私奉献等太行革命精神	0.847***			
6. 红色旅游忠诚度		0.938	0.940	0.839
愿意未来继续访问红色旅游地	0.942***			
愿意经常参观红色旅游景区	0.903***			
愿意积极推荐他人参观红色旅游景区	0.903***			
7. 红色文化资源负责任行为		0.946	0.947	0.817
在红色旅游景区参观游览，会采取有利于红色文化资源保护的言行	0.884***			
非常爱护尊重红色文化资源	0.906***			
愿意更加努力学习红色文化知识	0.914***			
愿意传承并践行红色文化精神	0.911***			

表 5-2 构念区别效度

构念	地方依赖	地方情感	地方认同	红色精神共情	红色教育感知	红色旅游忠诚度	红色文化资源负责任行为
地方依赖	[0.918]						
地方情感	0.848	[0.885]					
地方认同	0.773	0.813	[0.920]				
红色精神共情	0.812	0.785	0.742	[0.881]			
红色教育感知	0.748	0.719	0.712	0.831	[0.848]		
红色旅游忠诚度	0.777	0.757	0.682	0.801	0.799	[0.916]	
红色文化资源负责任行为	0.775	0.696	0.653	0.822	0.782	0.842	[0.904]

注：对角线 [ ] 表示平均方差提取 AVE 的平方根。

5.5.2 结构方程模型检验

继续采用 AMOS24.0 对结构方程模型的路径系数及其显著性进行检验，结果见表 5-3，除假设 H1c、H2b 和 H2c 外，其余假设均得到了支持。地方认同对红色旅游忠诚度（t=−1.604）和红色文化资源负责任行为（t=−1.900）的直接影响不显著，地方情感对红色文化资源负责任行为的直接影响（t=−0.800）也不显著，这与过往研究得出的地方认同、地方情感直接显著影响旅游者忠诚度及其环境负责任行为的研究结论不一致。究其原因，笔者认为一方面是本研究所选取的案例地偏差，虽然武乡在太行山片区属于红色旅游发展比较优越的地方，但相比井冈山、延安、瑞金和韶山等红色旅游圣地，武乡在激发红色旅游者地方认同和地方情感中的作用相对还是较弱，武乡县的红色旅游乡村发展相对更依托于国家的红色旅游政策供给驱动，市场有效需求较少，另一方面可能是源于样本偏差，本次问卷收集时间介于 2020 年年底至 2021 年 4 月份，此时即将面临中国共产党成立 100 周年，调研中发现样本中有较多集体组织参观者，即相当部分被调查样本的出行是由单位组织，并非出于对武乡红色旅游乡村的偏爱和认同，因此，这些旅游者很可能对武乡的红色乡村地方情感并不强烈，也谈不上对武乡的地方认同。

表 5–3 结构方程模型路径结果

假设路径	标准化路径系数 β	t 值	检验结果
H1a：地方依赖→红色旅游忠诚度	0.163***	3.591	支持
H1b：地方情感→红色旅游忠诚度	0.156***	4.538	支持
H1c：地方认同→红色旅游忠诚度	−0.056	−1.604	不支持
H2a：地方依赖→红色文化资源负责任行为	0.225***	4.999	支持
H2b：地方情感→红色文化资源负责任行为	−0.027	−0.800	不支持
H2c：地方认同→红色文化资源负责任行为	−0.068	−1.900	不支持
H3a：地方依赖→红色精神共情	0.419***	13.065	支持
H3b：地方情感→红色精神共情	0.233***	7.632	支持
H3c：地方认同→红色精神共情	0.190***	6.305	支持
H4：红色精神共情→红色旅游忠诚度	0.301***	4.628	支持
H5：红色精神共情→红色文化资源负责任行为	0.448***	6.793	支持
H6a：地方依赖→红色教育感知	0.310***	10.622	支持
H6b：地方情感→红色教育感知	0.137***	4.925	支持
H6c：地方认同→红色教育感知	0.201***	6.981	支持
H7：红色教育感知→红色旅游忠诚度	0.485***	6.903	支持
H8：红色教育感知→红色文化资源负责任行为	0.404***	5.906	支持

5.5.3 红色精神共情和红色教育感知的中介效应检验

研究以地方依赖、地方情感和地方认同合并的一阶构念地方依恋为自变量，检验红色精神共情和红色教育感知在地方依恋作用于红色旅游忠诚度和红色文化资源负责任行为中的中介效应。使用 SPSS 宏中的 PROCESS3.4.1 对中介效应进行 95% 置信区间检验，结果见表 5–4。可见，地方依恋作用于红色旅游忠诚度和红色文化资源负责任行为的两条路径中，直接和间接效应均显著，红色精神共情和红色教育感知发挥部分中介效应。对比二者的间接效应值可发现，红色精神共情（b=0.222）和红色教育感知（b=0.223）在地方依恋作用于红色旅游忠诚度的路径中，中介效应不存在显著差异，但在地方依恋作用于旅游者红色文化资源负责任行为的路径中，红色精神共情的中介效应（b=0.306）显著优于红色教育感知的中介效应（b=0.184）。究其原因，笔者认为是源于红色精神共情、红色教育感知、旅游者忠诚度和红色文化资源负责任行为的时空差，旅游者的红色精神共情、红色文化资源负责任行为更多地存在旅游者的红色旅游过程中，红色教育感知既存在于旅游过程中，也反映了旅游者出游后的获得感，而红色旅游忠诚度更多地反映了旅游者出游后的态度和行为倾向。因此，红色精神共情能够更好地在旅游过程中存在的红色文化资源负责任行为上发挥作用，表现出优于红色教育感知的中介效应；而在旅游者出游后的红色旅游忠诚度中，并未表现出与红色教育感知显著差异的中介效应。

表 5–4　中介效应检验结果

因变量	作用路径	效应值	标准误	LLCI	ULCI	p 值
红色旅游忠诚度	直接效应	0.349	0.053	0.244	0.453	0.000
	总间接效应	0.444	0.047	0.349	0.534	0.000
	红色精神共情的间接效应	0.222	0.046	0.128	0.311	0.000
	红色教育感知的间接效应	0.223	0.040	0.144	0.303	0.000
红色文化资源负责任行为	直接效应	0.205	0.049	0.109	0.301	0.000
	总间接效应	0.490	0.047	0.397	0.583	0.000
	红色精神共情的间接效应	0.306	0.040	0.227	0.386	0.000
	红色教育感知的间接效应	0.184	0.038	0.108	0.260	0.000

5.6 结论与讨论

5.6.1 结论

本研究以乡村旅游地的红色文化资源保护及合理利用，继而借助红色旅游的开发实现乡村可持续性振兴为目标，构建了地方依恋影响旅游者红色旅游忠诚度和红色文化资源负责任行为的理论模型，采用 SPSS23.0 和 AMOS24.0 结构方程模型，对以红色旅游地武乡为案例地的乡村收集的数据资料进行实证检验，得出以下研究结论。

（1）地方依赖直接显著正向影响旅游者的红色旅游忠诚度和红色文化资源负责任行为，地方情感直接显著正向影响旅游者的红色旅游忠诚度，但对红色文化资源负责任行为的直接影响不显著，地方认同对旅游者红色旅游忠诚度和红色文化资源负责任行为的直接影响均不显著。本研究在红色旅游情境下，探讨地方依恋对旅游者红色旅游忠诚度和红色文化资源负责任行为的影响及作用机制，与李文明等关于地方依恋对韶山红色旅游者亲环境行为的影响研究，共同拓展了地方依恋理论的应用情境。同时，结论显示，红色旅游情境下，地方依恋不同维度对旅游者忠诚度和负责任行为的影响与普通观光旅游情境下的结果存在差异，值得后续研究进一步实证检验差异存在的原因。

（2）地方依赖、地方情感和地方认同反映了旅游者对红色旅游地行为、认知和情感层面的关系强度，均直接显著正向影响旅游者的红色精神共情和红色教育感知，但相比地方情感和地方认同，地方依赖对旅游者红色精神共情和红色教育感知的影响程度更大；红色精神共情和红色教育感知直接显著正向影响旅游者的红色旅游忠诚度和红色文化资源负责任行为。

（3）红色精神共情和红色教育感知在地方依恋影响旅游者红色旅游忠诚度和红色文化资源负责任行为中发挥部分中介作用，在地方依恋影响旅游者红色文化资源负责任行为的作用路径中，红色精神共情的中介效应显著优于红色教育感知。红色精神共情是旅游者在红色旅游地参观游览中非常容易产生的一种情感共鸣，然而，当前鲜有研究引入红色精神共情这一变量，本研究创新性地引入这一变量作为地方依恋作用于红色旅游忠诚度和红色文化资源负责任行为的中介变量，而且验证了其优于红色教育感知的中介效应，为红色旅游目的地及红色旅游景区激发引导期望的旅游者态度和行为提供了新思路。

5.6.2 实践启示

文化是民族生存与发展的重要力量，是一个国家和民族的灵魂。红色文化是具有中国特色的独特文化形态，习近平总书记强调“共和国是红色的，不能淡化这个颜色”，因此，弘扬传承红色文化是我国建成文化强国的必修课。依托红色文化资源发展旅游的乡村也不能淡化红色旅游的社会文化效应，要以弘扬传承红色文化为己任，在实现利用红色旅游发展振兴经济的同时，积极主动地提高红色旅游的社会文化效应。旅游者红色旅游忠诚度和红色文化资源负责任行为的培育，对于红色文化基因的传承和我国文化强国战略目标的实现意义重大。因此，基于上述研究结论，为乡村提高旅游者的红色旅游忠诚度并引导其在乡村参与红色旅游活动时积极践行红色文化资源负责任行为，促进乡村红色文化资源的保护，继而传承红色文化基因提出以下建议。

（1）地方依恋有助于提高旅游者对目的地的忠诚度，强化旅游者的红色文化资源负责任行为，为目的地带来诸多效益，是目的地的宝贵资产。因此，目的地管理者要重视借助硬件设施的完善、软性服务的提升、特色红色旅游活动的开展、红色革命精神标志性景观的打造及红色精神的展示和宣说等手段，加深旅游者对红色目的地的地方依恋水平。如武乡作为太行精神的重要载体，可以将太行儿女在中华民族危亡之际“不怕牺牲、不畏艰难；百折不挠、艰苦奋斗；万众一心、敢于拼搏；英勇奋斗、无私奉献”的精神品质及各种革命故事通过叙事、艺术创作等方式进行展示宣传，突出武乡作为弘扬传承太行精神的独特性，现在已经创作的大型民歌剧《红肚兜》、武乡秧歌《太行母亲》、武乡顶灯《军民鱼水情》，拍摄的纪录片《八路军在武乡》、电影《十八勇士》等作品，就对提高旅游者对武乡的地方依恋水平发挥了很好的作用。

（2）重视对旅游者红色精神共情的唤醒和红色教育效果的提升。红色旅游属专项旅游活动，调查发现武乡众多乡村发展红色旅游都是以参观修旧复旧的革命事件、革命活动的遗址遗迹地，听红色故事为主。如到了武乡的李峪村是地雷大王王来法的纪念馆，到了砖壁村是八路军总部旧址百团大战纪念馆，各地除了红色事件不同，其他方面几乎是相同的红色旅游产品，这势必会阻碍乡村振兴及可持续发展。走马观花式的红色教育游览，形式单一乏味，缺少互动性、参与性和体验性，无法形成系统的、丰富的、深度的红色旅游体验，更无法使旅游者接受红色教育或唤起其红色文化精神共情。而根据笔者的实践经验了解到，解说员的解说质量是旅游者红色精神共情唤起和红色教育感知获得的重要因素。因此，武乡县的各乡村需要配备红色文化解说员，同时改进其解说内容和方式。然而，实际情况是当前在武乡从事解说员工作的绝大多数属于临时员工，自身红色知识水平有限，且工作的积极性和主动性不高，讲解不采用目的地的统一解说词，而是生搬硬套，甚至有展板的话就只是将展板上的解说词机械式地读一遍，对旅游者的红色精神共情唤起和红色教育感知的获得影响不大。特别是到武乡参加红色旅游的旅游者走的基本都是“八路军太行纪念馆—王家峪八路军总部旧址—百团大战砖壁指挥部旧址”这一条线，但是这条线上不同景点的解说员在解说中都只讲左权将军的故事，且解说内容基本一致，特别不利于旅游者红色精神共情的唤醒和红色教育感知的提升。因此，红色旅游目的地必须重视从业人员特别是解说员的个人情感、马克思主义理论知识水平、个人综合能力和技能等方面的培训，提高工作人员的马克思主义理论水平和实践能力，不同景点串联的旅游线路要突出解说内容的差异化，提高解说员的解说水平和质量。让其在为旅游者提供解说服务时，重视融情式信息和情绪线索的提供，唤起旅游者的红色精神共情，同时其言行理应成为红色教育的优秀素材，不断提升红色旅游的教育效果，更好地促进旅游者主动实施红色文化资源负责任行为。

旅游者红色旅游忠诚度和红色文化资源负责任行为的影响因素众多，然而，本研究仅探讨了地方依恋这一重要因素的影响作用和机制，后续可进一步研究旅游者红色旅游忠诚度和红色文化资源负责任行为的其他影响因素及其可能的作用路径，为旅游者红色旅游态度和行为的培育和引导提供更加丰富的理论依据。本研究验证了红色精神共情和红色教育感知在地方依恋作用于旅游者红色旅游忠诚度和红色文化资源负责任行为中的部分中介作用，但是否存在其他中介机制以及红色精神共情和红色教育感知之间的链式中介仍待后续研究进一步检验。访谈中发现解说员解说有效性对红色精神共情和红色教育感知有重要影响，然而本研究并未检验解说员解说有效性的作用，后续需在现有模型中引入解说员解说有效性的调节作用做进一步的检验。

Part 6

第6章　乡村旅游情境下旅游者文明旅游行为的驱动机制

6.1 乡村旅游情境下旅游者文明旅游行为的重要性

伴随着中国旅游市场的发展壮大，旅游者的不文明行为成为全社会的关注焦点。从国家顶层政策供给的角度来看，为了治理旅游者的不文明旅游行为，中央文明办、国家旅游局等部门先后出台了一系列的政策和措施，如2006年，中央文明办与国家旅游局发布了《提升中国公民文明旅游素质行动计划》《中国公民出国（境）旅游文明行为指南》《中国公民国内旅游文明行为公约》三项有关文明旅游的政策文件，2013年颁布实施的《中华人民共和国旅游法》中也包含了文明旅游的相关条例，国家旅游局还分别于2014年1月及2015年3月颁布了《文明旅游十大提醒语》《游客不文明行为记录管理暂行办法》等。在国家顶层各政策和措施的实施下，旅游者的文明素质有所提升，但不文明旅游行为并未完全消失。2018年国庆前夕，在文化和旅游部因3名旅游者的不文明旅游行为将其列入“旅游黑名单”的背景下，国庆假期，旅游者车窗抛物、乱丢饮料瓶及塑料袋、胡乱投喂萌宠小动物、“到此一游”的“题字”等不文明旅游现象仍时常可见，近些年曝出的旅游者不文明旅游行为也比比皆是。由此可见，仅靠对旅游者的不文明旅游行为亮出“红牌”并不能完全治理不文明旅游现象。

从旅游者的视角看，不文明旅游行为一方面折射出旅游者的文明素质亟待提升（李艳与陈绍文，2016；黄细嘉与李凉，2016），另一方面也体现出旅游情境下旅游者匿名身份和“他者”角色带来的道德感弱化及下降问题（林德荣与刘卫梅，2016；周尚意，2017）。因此，提升旅游者的道德观念成为治理旅游者不文明旅游行为的有效措施。现有的定量研究基于计划行为理论探讨旅游者行为态度、主观规范和知觉行为控制等对其文明旅游行为的影响（陆敏等，2019），也有研究在计划行为理论的基础上，引入道德规范和地方依恋创建拓展模型预测旅游者文明旅游行为意向（邱宏亮，2016；2017），结论普遍强调旅游者道德规范对治理其不文明旅游行为的重要性。然而计划行为理论假设下的旅游者文明行为是其道德规范自主驱动的顺畅过程，旅游的非惯常环境和身份匿名化常致使旅游者的行为逾越惯常环境下的道德规范（张凌云，2008）。因此，旅游者（不）文明旅游行为的研究也需要更多地考虑非惯常环境这一特殊情境因素。

综上，虽然学者从国家政策及旅游者个人视角对旅游者不文明旅游行为的约束开展了大量的研究，取得了丰富的研究成果，然而，伴随着我国乡村旅游规模的扩大及乡村旅游者数量的急速增加，越来越多的旅游者在乡村旅游活动过程中也常常实施不文明旅游行为。当旅游者在乡村旅游情境下，实施不文明旅游行为时，将给乡村旅游目的地的可持续健康发展带来较大的负面影响。李岩（2016）梳理了乡村旅游情境下旅游者三个方面的不雅、不文明行为，包括旅游者在“食”的过程中对食物及地方特产的浪费行为，旅游者在“游”的过程中不顾及他人感受、我行我素的无序观赏和游览行为，以及旅游者因缺乏社会公德意识而对乡村历史文化旅游资源的破坏及损害行为等。这些不文明的旅游者行为给其他旅游者及乡村目的地居民形成了非常不良的示范效应，也破坏了部分乡村发展旅游所依赖的旅游资源，成为阻碍乡村旅游可持续健康发展的重要障碍因素。因此，治理乡村旅游情境下旅游者的不文明旅游行为、激发其实施文明旅游行为成为促进乡村旅游实现可持续健康发展的重要路径。然而，当前关于旅游者不文明旅游行为的相关研究多采用无预设的旅游情境，虽成果丰富，但乡村旅游情境下旅游者的（不）文明旅游行为的相关研究成果却十分匮乏。基于此，本章内容拟基于经典的规范激活理论研究乡村旅游情境下旅游者文明旅游行为的驱动机制。且已有研究显示情感直觉比道德推理更有助于人们做出道德判断（Haidt，2001）。旅游本身又是充满情绪体验特征的经历

（Pearce，2009），情绪对旅游者行为的解释力显著高于认知（Kanchanapibul 等，2014）。因此综合乡村这一特定情境，拟引入乡村旅游活动中旅游者常被激发的怀旧情感及地方依恋情感一起探讨旅游者文明旅游行为的驱动，期望对乡村旅游情境下旅游者不文明旅游行为的治理提供有效建议，推进乡村文明旅游发展。

6.2 理论基础与研究假设

6.2.1 旅游者文明旅游行为及其影响机制

文明旅游行为是公民道德感在其旅游行为中的外化，是旅游者在旅游过程中，遵守目的地或景区的游览规定和秩序，言行举止符合道德行为规范和法规的现象（胡静，2016），对文明旅游行为的关注是从关注不文明旅游行为开始的（拓倩与李创新，2018），不文明旅游行为被界定为旅游者在目的地的观光游览活动过程中，表现出的介于遵守社会公德、相关法律法规与背离社会公德、相关法律法规之间的，对旅游目的地的环境、资源、社会文化等产生不良影响甚至造成无法弥补损失的行为（林德荣与刘卫海，2016）。龙安娜（2022）在她的博士论文《游客不文明行为的扩散及其对服务破坏行为的影响研究》中，采用半结构化访谈及关键事件法对旅游者的不文明行为进行了系统、综合的研究，发现旅游者的不文明行为包含违反社会公德行为、违反契约规范行为及违反行政规范行为三个维度。其中，违反社会公德行为表现为旅游者在旅游过程中存在的插队、吵闹、吐痰、违规吸烟、乱扔垃圾、剥夺其他旅游者权利等行为表现；违反契约规范行为表现为旅游者在目的地的旅游过程中不尊重地方风俗文化、破坏景观、破坏设施、伤害动物等行为倾向；违反行政规范行为表现为旅游者在旅游过程中出于利己主义价值观可能存在的伤害旅游从业人员、偷拿行为、逃票行为、逃单行为等。

不文明旅游行为的治理和文明旅游行为的促进正如一个硬币的正反面，对它们的研究本质上是一致的。对旅游者不文明旅游行为的研究主要是基于政府、目的地或行业管理视角，研究外部管理因素对旅游者不文明旅游行为的治理。研究成果表明国家、目的地及景区出台的各种各样的行为管理规定都有助于限制旅游者不文明旅游行为的发生（何晓琳，2007；杨懿与常飞，2015；舒伯阳，

2016）。然而，限制性行为的治理效果并不理想，只要监管不到位，旅游者不文明行为依然常见。由此，学界认为与其想方设法限制旅游者的不文明旅游行为，不如换个思路，思考该如何激发旅游者的文明旅游行为。对文明旅游行为的激发一般是基于旅游者个人视角，研究旅游者自身因素对其文明旅游行为意向的影响。研究表明提高旅游者的文明素质、道德感、文明行为态度等都有助于促进旅游者文明旅游行为的实施（吴思与郭丹丹，2018；陈顺明，2007）。可见，文明旅游行为的概念和相关研究一致强调提高旅游者自身道德观念和道德行为规范对其文明旅游行为的积极促进作用。

然而，旅游世界是对惯常生活世界的溢出，由不同于惯常世界的倒逆现象组成，旅游者的状态从工作到游玩、从自我约束到自我放纵，很容易致使旅游者的行为从遵从道德规范到道德失范（Crick，1989）。即旅游者一旦离开了日常生活环境，自我的内在欲望就会离开理性束缚，遵从最大化享受和娱乐原则，从而使其行为在很大程度上遵从情感冲动而非理性原则，因此特别容易产生失范或越轨行为（Wang，2000）。即旅游情境下的旅游者行为更多地受情感而非理性推理影响（刘丹萍与金程，2015）。因此，对旅游者文明旅游行为的研究也需要从"理性路径"逐渐转向"情感路径"，而乡村旅游活动中旅游者最常经历的情绪体验即怀旧情感和乡村依恋情感，因此，本章内容拟引入怀旧情感和乡村依恋情感与规范激活理论一起探讨乡村旅游情境下旅游者文明旅游行为的驱动机制。

6.2.2 规范激活理论

规范激活理论（Norm Activation Model，NAM）是由美国学者 Schwartz 于 1977 年提出的，用于解释和预测个体亲社会行为决策的重要行为理论。根据 NAM 理论，个体亲社会行为的实施选择并不仅仅受个体外在的物质利益或社会名誉影响，个体自己的内在道德义务感和道德规范的激活也会对个体亲社会行为的决策产生预测作用。NAM 理论包含 3 个核心变量：后果认知、责任归属和道德规范。NAM 理论在研究消费者的绿色消费行为（李文超与邵婧，2023）、个人捐赠行为（靳慧蓉，2020）、亲环境行为（滕玉华等，2022）等领域均得到了较好的验证。由于旅游者的文明旅游行为也属于有益于他人及社会的亲社会行为，因此非常适合使用规范激活理论来开展研究。

根据NAM理论，责任归属与后果认知可以同时影响个人规范，个人规范又会进一步影响个体亲社会/环境行为意向/行为。乡村旅游情境下的旅游者文明旅游行为领域：后果认知指旅游者在实施不文明旅游行为时，是否能够意识到这些不文明行为对他人及社会产生的消极后果，如旅游者在乡村吃农家饭的时候浪费饭菜，他们是否能够意识到自己浪费饭菜的行为将给其他旅游者及农家乐经营者带来不良的示范效应，或者他们是否能够认识到自己浪费饭菜的行为将给社会的食物资源带来巨大压力。责任归属是旅游者对未表现出文明旅游行为而引起的消极后果的责任感，即旅游者是否会将这些消极后果归属于自己或旅游者的责任。由于乡村旅游情境下，实施不文明旅游行为往往产生扩散效应，不文明旅游行为的消极后果是一种集体的集合行为结果，因此可能致使个体感觉自己需要为不文明旅游行为的消极后果承担的责任不一致，即个人的责任归属感知不一致。道德规范指旅游者感知到的实施文明旅游行为的道德责任，由于旅游环境的非惯常性特征，因此个体感知实施文明旅游行为的道德责任感可能具有较大差异。根据NAM理论的现有研究可以推测，乡村旅游情境下，旅游者对未表现出文明旅游行为而产生的消极后果认知越强，则对避免这些消极后果的责任感就越强；同理，旅游者对未表现出文明旅游行为而产生的消极后果的责任感越强，则感受到实施文明旅游行为的道德责任越多；旅游者对未表现出文明旅游行为而产生的消极后果意识越强，则感受到实施文明旅游行为的道德责任越多；而旅游者感受到实施文明旅游行为的道德责任越多，则实施文明旅游行为的可能性越大。因此提出以下研究假设：

H1：在乡村旅游情境下，后果认知与责任归属显著正相关。

H2：在乡村旅游情境下，责任归属与道德规范显著正相关。

H3：在乡村旅游情境下，后果认知与道德规范显著正相关。

H4：在乡村旅游情境下，道德规范与旅游者文明旅游行为意向显著正相关。

6.2.3 怀旧情感、道德规范与旅游者文明旅游行为

早期，怀旧被认为是一种类似于忧郁症的思乡心理疾病，Hofer（1688）最早使用怀旧（Nostalgia）来描述瑞士士兵因长期远离家乡、过度思念家乡而引

起的晕厥、高烧、消化不良、胃痛甚至死亡等症状。1979 年，Davis 对怀旧赋予了新的内涵，指出怀旧是一种对曾经的理想化生活（包括人、事、物）的渴望和向往，与个体美好的记忆密切关联。怀旧往往能引起个体的积极情感反应，Kaplan（1987）指出怀旧是对过往温暖美好回忆的重温，能让人产生愉悦、温馨等积极情感。Holbrook 和 Schindle（1991）也认为怀旧是个体对过去熟悉的人或事物的一种怀念向往，能诱发个体积极正面的态度和情感。Holak 和 Havlena（1998）则认为怀旧的对象既可以是个体的直接经历，也可以是个体未曾体验过的集体过往。

改革开放后，随着中国城市化和工业化进程的迅速推进，越来越多的人走向城镇和城市，乡村作为与传统和过往的关联，城市人们非常期望在乡村旅游地重拾过往的美好回忆。大量的研究发现：一方面，由于乡村环境具有的乡村性特征，如保留着传统的历史建筑和习俗文化等，因此这些传统的物质、社会、文化环境能够引发旅游者对过去的集体记忆，从而为旅游者提供怀旧的情感体验（余润哲等，2022）；另一方面，现阶段乡村旅游的参与者主要以“70 后”和“80 后”的旅游者为主体，这些来自城市的“70 后”和“80 后”旅游者普遍在幼年或少年阶段有过乡村生活的体验经历，因此，参加乡村旅游活动能够唤起这些人过往的乡村生活记忆，从而为旅游者提供怀旧的情感体验。

对怀旧情感的研究认为怀旧情感能够增强旅游者的积极情感体验，从而促进其正面的态度和行为。本研究认为怀旧情感作为一种积极情感体验，能正向提高旅游者在乡村旅游活动过程中的道德规范，其内在的作用路径逻辑主要在于，城市作为以现代性为主要特征的空间载体，虽然人们享受了物质发达的诸多便利，但是城市环境以契约精神和市场逻辑为主导，人们往往遵循着法律的契约精神，人们的行为约束更多地遵从法律的条款而非道德规范的约束，而传统乡村是以道德规范作为约束人们的行为的首要准则，而非法律条款，因此，当旅游者在乡村旅游活动过程中感受到怀旧这一情感体验时，将重拾儿时或过往道德规范约束行为的准则，提高自己的道德规范。基于此，我们推测乡村旅游情境下的怀旧情感能够正向影响旅游者的道德规范。而关于怀旧情感和旅游者积极行为和态度的既有研究已证明，怀旧情感能够促进旅游者的诸多正面行为，如影响游客在乡村旅游目的地的公民行为（吴锦超，2023）、影响游客在历史文化街区和传统村落的环境负责任行为（江金波与孙韶雄，2021；张圆刚等，2019）等，因此，本研究推测，怀旧情感也能正向影响旅游者在乡村旅游目的地的文明旅游行为意向。因此提出以下研究假设：

H5：在乡村旅游情境下，怀旧情感与道德规范显著正相关，即旅游者体验到的怀旧情感越强烈，则感受到实施文明旅游行为的道德责任越多。

H6：在乡村旅游情境下，怀旧情感与文明旅游行为意向显著正相关，即旅游者体验到的怀旧情感越强烈，则实施文明旅游行为的可能性越大。

6.2.4 乡村依恋、道德规范与旅游者文明旅游行为

乡村依恋是人文地理学的重要概念“地方依恋”嵌入乡村旅游情境时的特殊概念，反映了旅游者对乡村旅游目的地的情感联结、意义界定和接近倾向等。旅游社会学者对旅游的研究认为，旅游是现代性结构性矛盾的外化表征（王宁，1999），是旅游者为了逃避现代性所导致的恶劣的生态环境、程式化的单调工作、碎片化的无聊生活、淡漠化的人情关系、空虚化的精神状态等而暂时逃离惯常环境的空间逃逸行为（刘佳与滕金凌，2023）。当旅游者逃逸到乡村这一特殊空间时，乡村传统农业社会的经验本性和自然本性能够对现代性所引致的一系列问题带来良好的疗愈功能。笔者调研中发现，乡村往往具有开阔的视野和开放式的庭院，如图 6-1 所示，这种半开放的庭院空间和开阔的视野往往让旅游者感觉非常包容，心胸也变得开阔，具有良好的现代性治愈功能。而且，乡村情境下的人际交往方式也非常治愈，如图 6-2 所示，乡村旅游情境下对乡村居民人际交往方式的凝视发现，乡村居民的人际交往非常简单随意，在自家门前的石凳上，在河滩边、山脚下的乱石堆里，居民随时随地可以三五成群地聚在一起聊聊东家长西家短，这种简单的人际交往实践能让旅游者感受到一种温情、和谐、亲近的交往氛围，治愈旅游者因现代性而引发的人情关系淡漠和精神状态空虚等问题。综上，乡村旅游所具有的一些典型特征很容易使得旅游者对乡村产生非常强烈的依恋情感。

图 6–1　开放式的乡村庭院和开阔的乡村视野

图片来源：乡村调研时拍摄所得。

图 6–2　对乡村情境下人际交往的凝视

图片来源：乡村调研时拍摄所得。

已有大量研究认为地方依恋对提升旅游者满意度（Yuksel 等，2010；余文婷，2021）、忠诚度（Song 等，201）和环境责任行为意愿（范钧等，2014；Tonge 等，2014）等旅游者积极态度和行为均有直接显著的正向影响。因此，本研究推测，乡村旅游情境下，旅游者对乡村的依恋是旅游者的一种积极情绪体验，也能对旅游者在乡村旅游活动过程中的积极态度和行为包括旅游者文明旅游行为意向产生正向影响。特别地，促使旅游者产生这一积极情绪的乡村特质具有非常强的稀缺性，是现代性、工业化背景下的城市所不具备的，这就很容易使得旅游者不愿意破坏掉乡村的这些特质，因此更倾向于提高自己的道德规范意愿，采取有利于保护乡村自然环境和人文社会环境的文明旅游行为。基于此，本研究提出以下研究假设：

H7：在乡村旅游情境下，乡村依恋与道德规范显著正相关，即旅游者对乡村旅游目的地的依恋情感越强烈，则感受到实施文明旅游行为的道德责任越多。

H8：在乡村旅游情境下，乡村依恋与文明旅游行为意向显著正相关，即旅游者对乡村旅游目的地的依恋情感越强烈，则实施文明旅游行为的可能性越大。

依据以上 8 个研究假设，构建乡村旅游情境下旅游者文明旅游行为意向驱动机制的理论模型（图 6–3）。H1—H4 四个假设是用来检验规范激活理论的四个核心变量，即后果认知、责任归属、道德规范与旅游者文明旅游行为意向之间的影响关系，H5—H8 四个假设是用来检验乡村旅游情境下规范激活理论的两个拓展情感变量，即怀旧情感和乡村依恋分别与道德规范和旅游者文明旅游行为意向之间的关系。

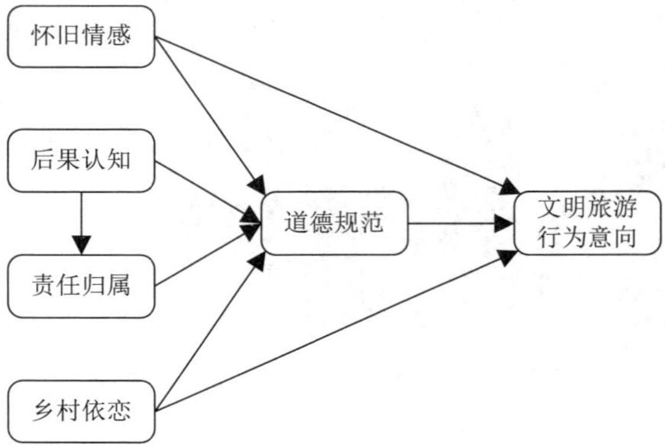

图 6–3　理论模型

6.3 变量测量与数据收集

6.3.1 问卷设计及变量测量

本研究的调查问卷主要包含两部分内容：（1）本研究理论模型实证检验所

需的变量测量，即乡村旅游情境下旅游者文明旅游行为意向及其影响因素。该模型涉及 6 个潜变量，分别是旅游者怀旧情感、乡村依恋、后果认知、责任归属、道德规范和文明旅游行为意向。所有变量的测量均参考和借鉴已有研究中的成熟量表，且采用 7 点式李克特量表测量，从 1 到 7 分别表示“非常不同意”到“非常同意”的不同程度。变量的具体测量题项及其来源详见表 6–1。为了避免数据的同源偏差，在问卷中对这些不同构念下的测量题项进行了随机排序。（2）被调查样本的人口统计基本信息，具体包括乡村旅游活动中旅游者的性别、年龄、受教育程度、月收入、乡村出游频率和乡村出游动机等基本特征。

表 6–1　变量的测量题项及其来源

潜变量	题项	题项内容	测量题项来源
怀旧情感	NA1	在乡村旅游能回忆起过去的生活	余润哲，黄震方，鲍佳琪，等. 怀旧情感下乡村旅游者的主观幸福感与游憩行为意向的影响［J］. 旅游学刊，2022.
	NA2	在乡村旅游想起了童年时家人的模样	
	NA3	在乡村旅游能想起一段难忘的时光	
	NA4	在乡村旅游能想起难忘的伙伴	
	NA5	在乡村旅游能想起某个充满回忆的地方	
乡村依恋	PA1	对乡村有强烈的好感	Gross M J，Brown G. An empirical structural model of tourists and places：Progressing involvement and place attachment into tourism［J］. Tourism Management，2008.
	PA2	相比其他类型的旅游活动，乡村旅游能带来更大的满足	
	PA3	该村是参加乡村旅游更好的去处	
	PA4	对该乡村有强烈的认同感	
	PA5	觉得与该乡村非常相似	
后果认知	AC1	如果不采取文明旅游行为，乡村旅游的资源会被破坏	LIU J，AN K K，JANG S S. A model of tourists' civilized behaviors：Toward sustainable coastal tourism in China［J］. Journal of Destination Marketing & Management，2020.
	AC2	如果不采取文明旅游行为，乡村目的地居民会被打扰	
	AC3	如果不采取文明旅游行为，乡村旅游的形象会被破坏	

续表

潜变量	题项	题项内容	测量题项来源
责任归属	AR1	认为自己应该为不文明旅游行为的消极后果负部分责任	VASKE J J，JACOBS M H，ESPINOSA T K. Carbon footprint mitigation on vacation：A norm activation model［J］. Journal of Outdoor Recreation and Tourism，2015.
	AR2	认为旅游者应该为不文明旅游行为的消极后果负一定责任	
	AR3	认为旅游者应该共同为不文明旅游行为的消极后果负责任	
道德规范	MN1	采取文明旅游行为以减少对乡村目的地的破坏是非常必要的	郭清卉，李昊，李世平，等. 个人规范对农户亲环境行为的影响分析：基于拓展的规范激活理论框架［J］. 长江流域资源与环境，2019.
	MN2	在乡村旅游时，在道德上负有义务采取文明旅游行为	
	MN3	在乡村旅游时，会因未实施文明旅游行为而感到愧疚	
文明旅游行为意向	TCB1	在乡村旅游活动中，会做到爱护乡村的旅游资源和环境	邱宏亮. 基于 TPB 拓展模型的出境游客文明旅游行为意向影响机制研究［J］. 旅游学刊，2017.
	TCB2	在乡村旅游活动中，会做到不浪费乡村食材等资源	
	TCB3	在乡村旅游活动中，会做到尊重乡村居民的生活习俗	

6.3.2 数据收集及样本基本特征描述

正式调研前首先对本研究设计的问卷进行试测，邀请身边近期有过晋东南乡村旅游体验经历的亲朋好友帮忙填写问卷，确保问卷题项不存在语义歧义，收回的 56 份问卷结果显示，各潜变量量表的 Cronbach's α 系数大于 0.7，测量题项的因子载荷在 0.01 的显著水平下均大于 0.7，可以大规模发放问卷。

正式调研借助“问卷星”网站和实地调研进行数据采集。于 2023 年 12 月 10 日到 2024 年 2 月 16 日进行数据收集。选择借助“问卷星”网站收集问卷一方面是因为问卷收集时期正值北方乡村旅游的淡季阶段，特别是晋东南地区的乡村旅游目的地，大多受冬季寒冷气候的影响陷入歇业状态，不太具备现场收集问卷的实施条件，因此本研究参考部分学者（So 等，2014；Jiseon 与 Ki-Joon，2018）的做法，问卷首先邀请被调研者回顾自己最近（特别是 2023 年国庆假期）去过的某晋东南乡村旅游目的地，然后以该乡村旅游目的地的游览体验经历为例填写问卷。另一方面，2024 年 2 月 10 日是中国传统节日春节，晋东南地区很多乡村借助传统民俗活动的举办吸引大量旅游者到访，因此，本研究选择在春节至元宵节之间到部分乡村（长治市上党区振兴小镇和高平市神农镇庄里村）进行实地观察并收集实地问卷。两种方式最后共收回问卷 244 份，其中有效问卷 228 份，虽然样本量不是特别多，但是达到问卷量表题项数量（22 个测量题项）的 10 倍，能够符合统计所需。

有效样本的人口统计特征见表 6-2。性别构成上，男性样本占比 39.5%，女性样本占比 60.5%，有效样本中女性多于男性。年龄结构上，年龄在 18—30 周岁的样本占比 42.5%，31—40 周岁的样本占比 19.3%，41—50 周岁的样本占比 21.1%，51—60 周岁的样本占比 13.2%，61 岁及以上的样本占比 3.9%，此次调研样本中中青年群体居多，老年群体所占比例较低。收入水平上，69.7% 的被试者月收入在 5000 元以下，15.4% 的被试者收入介于 5001—8000 元，8001 元及以上的样本仅占 14.9%，说明被试者的收入水平普遍较低。被试者受教育程度普遍不高，具有大专或本科学历者占比最高，也仅占 43.8%，高中以下的样本占比 29.4%，高中或技校的样本占比 13.6%，研究生及以上的占比最低，仅占 13.2%。大多数旅游者的乡村出游频率是每年 2—3 次及以下，合计占比 97.4%，且绝大多数旅游者选择到乡村旅游是因为喜欢乡村偏自然的风光（73.2%）、乡村宁静的环境（48.7%）及乡村的特色旅游活动（41.7%）。

表 6-2　样本基本人口统计特征信息

项目	类别	频次	频率（%）	项目	类别	频次	频率（%）
性别	男性	90	39.5	月收入	5000 元及以下	159	69.7
	女性	138	60.5		5001—8000 元	35	15.4
年龄	18—30 岁	97	42.5		8001—17000 元	28	12.3
	31—40 岁	44	19.3		17001—40000 元	6	2.6
	41—50 岁	48	21.1		40000 元以上	0	0
	51—60 岁	30	13.2	受教育程度	高中以下	67	29.4
					高中及技校	31	13.6

续表

项目	类别	频次	频率（%）	项目	类别	频次	频率（%）
年龄	61 岁及以上	9	3.9	受教育程度	大专及本科	100	43.8
					研究生及以上	30	13.2
乡村出游频率	两年 1 次	89	39.0	乡村出游动机	喜欢偏自然的乡村风光	167	73.2
	每年 1 次	60	26.4		喜欢乡村的人际关系氛围	73	32.0
	每年 2—3 次	73	32.0		喜欢乡村的宁静	111	48.7
	每年 4—5 次	5	2.2		喜欢乡村特色的旅游活动	95	41.7
	每年 6 次及以上	1	0.4		其他	32	14.0

6.4 实证分析过程与结果

6.4.1 信效度检验

本研究采用 Smart PLS3.0 对构建的研究模型进行检验。PLS-SEM 需要首先估计模型的信效度，信度判断指标使用子量表的 Cronbach's α 系数和组合信度 CR，效度又分为收敛效度和区别效度，收敛效度的判断指标使用观测题项的因子载荷和各潜变量的平均方差提取值 AVE，区别效度一般使用各潜变量 AVE 值的平方根与其他构念间的相关系数的大小比较和 HTMT 指标进行判断。

问卷信度及收敛效度的检验结果见表 6-3，由此可见，6 个子量表的 Cronbach's α 系数介于 0.849—0.946，均达到大于 0.7 的检验要求；组合信度 CR 介于 0.908—0.958，也大于推荐值 0.7，可见本研究问卷信度充分，达到分析标准。怀旧情感 5 个观测变量的因子载荷为 0.870—0.933，乡村依恋 5 个观测变量的因子载荷为 0.877—0.931，后果认知 3 个观测变量的因子载荷为 0.915—0.949，责任归属 3 个观测变量的因子载荷为 0.804—0.912，道德规范 3 个观测变量的因子载荷为 0.874—0.881，文明旅游行为意向 3 个观测变量的因子载荷为 0.916—0.940，可见，各观测变量的因子载荷均满足大于 0.7 的推荐值要求。各潜变量的平均方差提取 AVE 值为 0.768—0.857，大于可接受的 0.5

要求，由此可见量表具有很好的收敛效度。

表 6-3 问卷的信度和收敛效度检验结果

潜变量	观测题项	均值	标准差	因子载荷	Cronbach's α	组合信度 CR	AVE 值
怀旧情感	NA1	5.553	1.396	0.870	0.946	0.958	0.821
	NA2	5.491	1.446	0.906			
	NA3	5.487	1.443	0.933			
	NA4	5.355	1.528	0.916			
	NA5	5.544	1.449	0.906			
乡村依恋	PA1	5.443	1.163	0.877	0.940	0.954	0.807
	PA2	5.298	1.287	0.913			
	PA3	5.346	1.224	0.882			
	PA4	5.307	1.197	0.931			
	PA5	5.167	1.311	0.887			
后果认知	AC1	5.855	1.257	0.92	0.919	0.949	0.861
	AC2	5.807	1.18	0.915			
	AC3	5.785	1.243	0.949			
责任归属	AR1	5.303	1.587	0.804	0.849	0.908	0.768
	AR2	5.675	1.257	0.912			
	AR3	5.561	1.411	0.909			
道德规范	MN1	5.956	1.195	0.874	0.851	0.910	0.770
	MN2	6.044	1.034	0.881			
	MN3	5.759	1.173	0.877			
文明旅游行为意向	TCB1	6.14	0.963	0.916	0.917	0.947	0.857
	TCB2	6.057	1.001	0.940			
	TCB3	6.105	1.103	0.921			

问卷的区别效度检验结果见表 6-4。可见，各潜变量 AVE 值的平方根均大于该潜变量与其他潜变量间的相关系数，原则上说问卷的区别效度得到肯定，然而，PLS 方法会高估标准化因素负荷量值，即潜变量的平均方差提取 AVE 值

会高于实际值，而变量之间的相关关系会被低估，因此，Henseler（2015）建议增加 heterotrait-monotrait ratio（HTMT）这一新的指标估计方法分析区别效度，HTMT 方法的原理主要为不同变量题项之间的平均相关除以变量题项内部之间的平均相关，所得数值若小于 0.85，则说明变量之间具有良好的区别效度。表 6-4 显示，本研究潜变量的 HTMT 判别效度指标绝大多数小于 0.85，仅道德规范与文明旅游行为意向之间的 HTMT 为 0.885，大于 0.85，但有学者认为 HTMT 低于 0.9 均说明区别效度达标，因此依据此标准说明本研究潜变量之间的区别效度良好。

表 6-4　问卷的区别效度检验结果

	判别效度与变量相关系数						HTMT 区别效度					
潜变量	1	2	3	4	5	6	1	2	3	4	5	6
怀旧情感 1	0.906											
乡村依恋 2	0.554	0.898					0.587					
后果认知 3	0.330	0.311	0.928				0.354	0.332				
责任归属 4	0.423	0.397	0.704	0.876			0.473	0.452	0.784			
道德规范 5	0.491	0.426	0.559	0.522	0.878		0.542	0.472	0.633	0.607		
文明旅游行为意向 6	0.510	0.496	0.470	0.400	0.784	0.926	0.544	0.530	0.511	0.443	0.885	

注：表 6-4 的左半边表对角线的数值表示潜变量 AVE 值的平方根。

6.4.2 结构模型检验

采用 Smart-PLS 3.0 对模型的结构路径进行评价检验，检验的路径系数及其显著性结果如表 6-5 所示。可见，乡村旅游情境下，旅游者对文明旅游行为的后果认知显著正向影响其责任归属（β_1=0.704，t=9.959，p=0.000），后果认知也显著正向影响旅游者的道德规范（β_3=0.356，t=3.141，p=0.002），道德规范显著正向影响旅游者的文明旅游行为意向（β_4=0.671，t=12.979，p=0.000），规范激活理论的四条路径中，仅责任归属到旅游者道德规范（β_2=0.112，t=0.967，p=0.334）这一路径的影响不显著，笔者认为该条路径不成立的原因主要在于旅游的非惯常环境性，即使旅游者认可乡村旅游的负面效应是由旅游者的行为造成的，但是要旅游者采取比较高的道德标准严苛自己的行为，仍然有一定的难度，旅游情境下的享乐化心态使得旅游者更倾向于放纵自己的行为，而非约束自己的行为，即旅游情境下旅游者的行为更多地受情感冲动而非理性判断驱动，本结论启示旅游目的地的规划者和管理者仍需思考情感冲动下的行为规范，该采取哪些措施提高旅游者的道德规范意愿。根据上述四条路径的实证检验结果，本研究认为规范激活理论在乡村旅游情境下对旅游者的文明旅游行为意向也具有比较好的解释力，且研究启示乡村旅游目的地的管理者和规划者要想方设法增强旅游者的道德规范意识。

本研究增加的两个情感变量中，怀旧情感对乡村旅游情境下旅游者的道德规范（β_5=0.253，t=2.789，p=0.005）的影响显著，但其对旅游者文明旅游行为意向（β_6=0.093，t=1.254，p=0.210）的直接影响不显著，可见，怀旧情感主要通过提高乡村旅游情境下旅游者的道德规范进而间接影响旅游者的文明旅游行为意向。而乡村依恋正好相反，乡村依恋对乡村旅游情境下旅游者的文明旅游行为意向（β_8=0.158，t=2.549，p=0.010）的直接影响显著，但其对旅游者道德规范（β_7=0.131，t=1.589，p=0.112）的影响不显著。出现这一结果的原因笔者认为主要还是在于社会研究的情境性，在本研究收集的样本结构中，中老年群体的样本所占比例较低，而对乡村有较高怀旧情感的群体主要是中老年群体，样本的偏差使得怀旧情感对旅游者文明旅游行为意向的直接影响未达到显著性水平，但怀旧情感能显著增强旅游者的道德规范意识。而乡村依恋恰恰相反，喜欢乡村、偏爱乡村的旅游者更倾向于实施有助于保护乡村旅游环境的文明旅游行为意向，而无须通过道德规范的中介效应。

表 6–5　假设检验结果

路径	标准化路径系数 β	t 值	p 值	结果
H1：后果认知→责任归属	0.704	9.959	0.000	支持
H2：责任归属→道德规范	0.112	0.967	0.334	不支持
H3：后果认知→道德规范	0.356	3.141	0.002	支持
H4：道德规范→旅游者文明旅游行为意向	0.671	12.979	0.000	支持
H5：怀旧情感→道德规范	0.253	2.789	0.005	支持

续表

路径	标准化路径系数β	t值	p值	结果
H6：怀旧情感→旅游者文明旅游行为意向	0.093	1.254	0.210	不支持
H7：乡村依恋→道德规范	0.131	1.589	0.112	不支持
H8：乡村依恋→旅游者文明旅游行为意向	0.158	2.549	0.010	支持

6.5 总结与讨论

6.5.1 研究结论

旅游者的不文明旅游行为是全社会的关注焦点，是我国推进文明旅游的重要障碍因素。乡村旅游情境下，旅游者的不文明旅游行为会严重影响乡村旅游业的可持续健康发展。现有研究多基于理性路径如计划行为理论等探讨旅游者的行为态度、主观规范和知觉行为控制等对其文明旅游行为意向的影响，然而纯理性路径对旅游者行为的解释存在一定的局限性，特别是旅游者的文明旅游行为具有很高的利他性，加之旅游情境的非惯常环境性等均说明研究旅游者的体验情感对其文明旅游行为意向的影响具有特殊意义。基于此，本研究在乡村旅游情境下，以规范激活理论为基础，引入乡村旅游情境下旅游者的普遍情感体验“怀旧情感”和“乡村依恋”两个情感变量共同构建了旅游者文明旅游行为意向的驱动机制模型，采用 Smart-PLS 3.0 对收集的 228 份有效问卷进行实证检验，结论如下。

（1）规范激活理论适用于对乡村旅游情境中旅游者文明旅游行为意向的预测，后果认知、责任归属、道德规范与旅游者文明旅游行为意向之间的假设关系得到了绝大部分验证。也就是说乡村旅游情境下，旅游者的后果认知显著正向影响其责任归属，若旅游者意识到不采取文明旅游行为将会产生乡村旅游资源被破坏、乡村居民的生活被打扰以及乡村旅游目的地的形象被破坏等消极后果，旅游者将会对这些消极后果产生责任感，认为这些消极后果应由旅游者群体负责；后果认知又显著正向影响旅游者的道德规范，旅游者对不采取文明旅游行为产生的消极后果的认知，将直接促进旅游者道德规范的提升；道德规范进一步显著正向影响旅游者的文明旅游行为意向，旅游者的道德责任一旦被激发出来，就会转化为实施文明旅游行为的倾向，旅游者将形成节约乡村食材资源、爱护乡村资源和环境以及尊重当地居民的生活习俗等方面的文明旅游行为意向。

（2）乡村旅游情境下的怀旧情感会通过旅游者的道德规范意识驱动旅游者的文明旅游行为意向，但其对旅游者文明旅游行为意向的直接效应仍有待后续研究进一步检验。由于乡村自然环境和社会文化环境所具有的乡村性特征，如保留着传统的历史建筑和习俗文化，传承着乡土逻辑下形成的熟人社会交往规则等，这些传统的物质、社会、文化环境能够引发旅游者对过去的集体记忆及过往乡村生活的想象，从而为旅游者提供怀旧的情感体验，而怀旧情感作为一种积极情绪，又正向提高了旅游者在乡村旅游活动过程中的道德规范，使得旅游者在乡村旅游活动过程中更倾向于严于律己和自我约束，提升其实施文明旅游行为的倾向。

（3）乡村旅游情境下的乡村依恋情感会正向驱动旅游者的文明旅游行为意向。乡村旅游空间所具有的自然本性和经验本性能够对城市旅游者的现代性问题产生有效的治愈功能，从而使城市旅游者对乡村产生依恋情感，促使旅游者更倾向于保护能够帮助其产生这一积极乡村依恋情绪的乡村特质，而不愿意去破坏掉乡村的这些特质，因此更倾向于采取有利于保护乡村自然环境和人文社会环境的文明旅游行为。

6.5.2 实践启示

基于上述研究结论，为引导旅游者在乡村旅游活动过程中积极践行文明旅游行为，促进我国乡村旅游的高质量和可持续健康发展提出以下建议。

（1）在乡村旅游的规划开发过程中，目的地规划者和管理者应通过设置标语牌、微博和微信公众号、歌曲创作等多种方式宣传旅游者文明旅游行为的重要性和不文明旅游行为的危害性，增强旅游者对不文明旅游行为破坏乡村自然生态环境和社会文化环境等的消极后果认知；同时，通过嘉奖文明旅游者、培养旅游者意见领袖、舆论传播等方式树立旅游者文明行为的示范性榜样，以提升旅游者的负责任意识；另外，通过引导、劝说、教育等手段强化游客的道德责任，但尽量避免惩罚手段的使用。笔者曾听一位教授讲他在北京乡村调研时遇到的一个小案例，在某乡村旅游目的地的管理者发现一位游客存在做出不文明旅游行为时，该管理者不是采取说教甚至惩罚的手段约束旅游者的不文明旅游行为，而是采取跟随该旅游者之后对其因不文明旅游行为带来的结果进行消除的方式引导旅游者，最后使得该旅游者主动认识到了自己不文明旅游行为的消极后果，从而不再继续实施不文明旅游行为，甚至主动劝导同行的其他旅游者实施文明旅游行为。

（2）乡村旅游者的怀旧情感能够通过增强其道德规范意识进而对其文明旅游行为意向发挥正向影响作用，这启示乡村旅游目的地的管理者和规划者重视利用旅游者的怀旧情感激发旅游者的文明旅游行为意向。旅游者在乡村旅游情境下会基于感知到的乡村建筑景观（如半开放式的庭院式建筑）、原生态的自然风貌、和谐的人居环境、慢节奏的乡村生活、熟人社会轻松的社交氛围等而获得回到过去的体验，满足内心对于过去旧时光的渴望，即获得怀旧情感，笔者调研过程中有旅游者反映："城市太喧嚣，压力大，车也吵，人也吵，这些吵闹的声音让人感觉很烦，而来到这里旅游感觉很安静、很放松，特别喜欢这种乡村生活；晚上住在这里，没有了城市的喧闹，耳边最多有来自大自然的鸟叫虫鸣，睡起来非常舒服；早晨起来在乡间的小路上漫步，看看晨雾，走走河滩，听听水流声，一切都是那么的惬意，就像是回到了儿时的生活。"这样旅游者为了保护获得这些怀旧情感的乡村环境，会主动地去关注和爱护当地的自然和社会文化环境，以维持自身对于过去的憧憬与向往。基于此，为了促进乡村旅游情境下旅游者的文明旅游行为意向，乡村旅游目的地的管理者在乡村旅游的开发规划中应特别注重保护并营造这些能够激发旅游者怀旧情感的乡村环境。

（3）旅游者的乡村依恋情感能够直接显著正向激发其文明旅游行为意向，这启示乡村旅游目的地的管理者和规划者应想方设法借助旅游者乡村依恋情感的提升来促进旅游者的文明旅游行为意向。笔者在调研期间发现，旅游者的不文明旅游行为给乡村旅游目的地空间带来的负面影响非常严峻，特别是笔者在 2024 年春节期间调研发现，旅游者的食物浪费现象和垃圾污染现象已非常严重，这或许与旅游者在非惯常环境下的感性冲动行为有密切关系，但是毕竟在我国，仍有很多地区存在粮食短缺问题，所以大量的食物浪费让人感觉非常痛心。而本研究及过往研究均发现乡村依恋这一积极情感对旅游者的满意度、忠诚度、环境负责任行为及文明旅游行为等旅游者积极态度和行为都有显著的正向影响，特别是在我国经历过快速的城镇化和工业化背景下，旅游者对乡村这一特殊空间本身就有比较强烈的依恋情感，因此，目的地的管理者和规划者更需借助旅游者的依恋情感促进旅游者文明旅游行为的实施。

Part 7

第 7 章　乡村旅游情境下旅游者乡村依恋的促进机制

7.1 旅游者乡村依恋的重要性

由第 5 章的研究可以发现，地方依恋是乡村旅游情境下旅游者红色文化资源负责任行为的重要驱动机制之一；第 6 章的研究也发现，乡村依恋是旅游者乡村旅游情境下文明旅游行为意向的重要预测因素。而且根据第 2 章文献综述可知，已有大量研究显示旅游者的地方依恋是其环境负责任行为的重要影响因素，张圆刚与余润哲（2020）对旅游者环境负责任行为影响因素的元分析同样发现，地方依恋是旅游者环境负责任行为的重要预测因素，其影响的效应值为 0.480，仅次于旅游者满意度（效应值为 0.538）对其环境负责任行为的影响程度。由此可以得出，地方依恋对旅游者负责任行为的影响具有对象、情境、负责任行为不同领域的普遍适用性。现有研究还发现对目的地依恋程度高的旅游者，与目的地之间的情感联结紧密，能给目的地带来丰厚的回报（陆一帆与曲颖，2021），如停留更长的时间、花费更多的金钱、传播目的地的正面口碑等（张辉与徐红罡，2022；Line 等，2015）。因此，提高旅游者的乡村依恋程度，理应成为当下促进旅游者的负责任行为、减少乡村旅游活动负面影响的重要路径。基于此，在本书的这一部分内容里，我们聚焦于旅游者的乡村依恋，期望在乡村旅游情境下探究如何采取有效措施提升旅游者的乡村依恋水平。

地方依恋是人文地理学里人—地关系的核心概念，是旅游领域的重要研究议题（张凌云等，2018）。旅游者对目的地的依恋是人—地关系在目的地层面的嵌入，反映了旅游者对目的地的情感联结、意义界定和接近倾向等（曲颖等，2020），对形塑旅游者满意度（Yuksel 等，2010）、忠诚度（Chen 等，2018）和环境责任行为意愿（贾衍菊等，2018）等旅游者积极态度和行为有重要作用。源于此，目前研究大都聚焦于探讨旅游者目的地依恋的后效（黄剑锋等，2020）。然而，旅游者目的地依恋的前因涉及依恋的主体——旅游者、依恋的对象——目的地及两者交互的诸多因素，当前研究较为欠缺，且尚未形成共识（黄剑锋等，2020），这使得乡村旅游目的地的管理机构到底该如何提高旅游者的乡村依恋还缺少有效的理论指导，急需学界探索提升旅游者乡村依恋的原因及形成机制。

本研究在乡村振兴背景下，基于社会学的情感凝聚理论视角，探讨旅游者乡村依恋的成因和驱动机制。乡村旅游情境下，居民生产和生活的乡村社区成为旅游者的消费空间，共处同一空间给旅游者和乡村居民提供了更多互动的场景和机会，更丰富的、非商业利益导向的主客人际互动是乡村旅游区别于城市旅游的典型特征之一。这表明，旅游者很可能在与乡村居民的互动中生成亲密的情感纽带，即旅游者与乡村居民间的情感凝聚。依据非正式访谈资料，在旅游者到访乡村缺乏与乡村之间情感联结、尚未形成地方依恋的情景下，旅游者在与乡村居民互动中生成的情感凝聚，非常有助于提升其对乡村依恋的水平。那么，这一影响的内在心理机制是什么？访谈发现，旅游者会因感知到与目的地居民之间的情感凝聚差异而对乡村的地方温暖感知存在差异，即地方温暖感知可能发挥了情感凝聚作用于旅游者乡村依恋的内在心理机制。

基于刻板印象模型的研究认为，旅游者对目的地的印象可分为温暖和能力两个维度（潘莉等，2021），基于地缘和血缘亲缘而形成的乡村人际关系以淳朴憨厚、热情友好、真诚善良为主要特征，当旅游者置身于这种人际交往的实践场域中，经由大量非利益导向的主客互动与当地居民形成情感凝聚后，会感知乡村整体上富有温暖属性，从而形成对乡村的依恋感。此外，考虑到中国人普遍表现出依赖型自我构念倾向，且在乡村旅游中，存在大量的主客人际互动。因而，本研究还提出旅游者的自我构念类型会调节情感凝聚对旅游者地方温暖感知和乡村依恋的效应，即相比独立型构念旅游者，依赖型构念旅游者的地方温暖感知及乡村依恋水平会更显著地受到旅游者情感凝聚的影响。这是因为依赖型自我构念的旅游者拥有更强的归属感动机，良好的人际关系是其自尊的来源（Cross 等，2011）。因此，当他们感受到与目的地居民之间的情感凝聚时，会对满足其归属感动机及自尊需求的乡村感知更加温暖，进而产生更高的依恋水平。

鉴于此，本章内容基于地理学的地方依恋理论和社会学的情感凝聚理论，通过 3 个实验探讨旅游者与乡村居民间的情感凝聚对其乡村依恋水平的积极效应，并揭示地方温暖感知的中介机制；在此基础上，进一步探索旅游者自我构念的调节效应。

7.2 相关理论与模型构建

7.2.1 地方依恋

地方依恋是人文地理学、旅游学等学科关注的重点概念，于 1983 年由 Shumaker 最早提出，被定义为人们与其居住地之间的情感联结（Shamai，1991）。虽然是以情感为核心的构念，但学者认同地方依恋是一个多维概念，常用地方依恋的地方认同和地方依赖二维结构（Gross 与 Brown，2008），也有研究增加地方情感（Ramkissoon 等，2013）和社会联结（Kyle 等，2004）作为地方依恋的第三和第四维度。现代旅游活动大发展的背景下，目的地逐渐成为“地方”的特殊类型，推动了旅游领域学者对目的地依恋的相关研究。

旅游学者将地方依恋的主体扩展到旅游者，不再局限于当地居民对本居住地的依恋。依据居民和旅游者与目的地之间情感联结的紧密程度，地方依恋有不同的强度之分，从弱到强依次为地方熟悉感、地方归属感、地方认同感、地方依赖感和地方根深蒂固感（邹统钎与王欣，2019）。而且对目的地的依恋程度越高，越可能对目的地形成积极的态度和行为倾向（Chen 等，2018；贾衍菊等，2018；黄剑锋等，2020）。因此，当前研究侧重于探讨旅游者和居民两个主体形成目的地依恋的前因和后效。本研究情境聚焦于以旅游者为主体的目的地依恋的前因研究。这一领域的现有研究发现，目的地熟悉程度（Taylor 等，1984）、目的地吸引力（Lee，2001）、旅游者的投入程度（Kyle 等，2004）、旅游本真性（黄剑锋等，2020）等均有助于提高旅游者的目的地依恋水平。乡村旅游领域，也有研究探讨了旅游者乡村依恋的成因，发现乡村气味景观感知（徐虹与周泽鲲，2020）、乡村环境认知（王屏与张冬良，2022）、怀旧情感（陈星等，2017）等对提高旅游者的乡村依恋有正向影响。旅游者作为目的地的消费者，对目的地的依恋之情与旅游者在目的地构建起新的社会联系有关。学者研究发现旅游者在观光型目的地的主客人际互动对改善旅游者的体验质量、建构社会联系意义重大（Pizam 等，2000）。乡村旅游情境下存在丰富的主客人际互动，易于建构新的社会联系，因此，本研究推测通过和目的地居民高频、高质量的主客互动，旅游者容易感知到与乡村居民之间的情感凝聚，进而提升其乡村依恋水平。

7.2.2 情感凝聚与地方依恋

1912 年，Durkheim 首次提出情感凝聚的理论构念。2009 年，Woosnam 等将情感凝聚理论引入旅游领域，采用焦点小组访谈的定性研究，验证了目的地居民和旅游者之间存在情感凝聚，即彼此之间生成的一种“我们”而不是“主人与他者”的情感知觉和纽带。之后的研究又验证了旅游者也能感受到与目的地居民间的情感凝聚。

依据 Woosnam 等（2013）的研究，从旅游者的视角看，情感凝聚是一个包含受欢迎程度（Welcoming Nature）、情感亲密度（Emotional Closeness）和同情理解（Sympathetic Understanding）三维度的高阶概念。乡村旅游情境下，受欢迎程度指乡村居民对旅游者持有的热情好客态度；情感亲密度指旅游者与乡村居民之间的情感亲密程度；而同情理解指的是旅游者站在乡村居民的立场、通过当地居民的眼睛看乡村、理解乡村。当代中国经历了快速的城镇化和工业化进程，人们疲于经济压力而忙碌，社交特别是不存在利益价值取向的社交被看成是对时间和精力的浪费，中国传统的熟人文化准则下（Wu 等，2022）的真诚人际交往不断减少，人们转而在激烈竞争的市场经济下培育着对自己“有用”的友情，几乎人人都能感受到由于社会关系减少而带来的社会和情感孤独（Chen 与 Gong，2021）。而乡村居民在乡土逻辑的主导下，人际交往以真诚为特征，当旅游者前往乡村旅游，乡村居民基于乡土逻辑而生成的善良本性和传统习俗促使其对旅游者持热情好客的欢迎态度时，这就容易使旅游者和乡村居民之间生成情感凝聚。

现有关于情感凝聚和地方依恋关系的研究认为，地方依恋是情感凝聚的前因变量（Li 与 Wan，2017；Patwardhan 等，2020）。然而，不同于这些研究，本研究认为，在中国乡村旅游情境下，旅游者感知与目的地居民之间的情感凝聚可促使其对乡村目的地产生依恋，即情感凝聚可以是地方依恋的前因。这是由于旅游具有求新求异的特点，喜新（目的地）厌旧（目的地）使得旅游者与目的地之间的情感生成较困难，然而，旅游者却可能因恋上目的地的某一细节而爱上目的地，如已有研究发现的旅游者因喜欢目的地的某一感官体验而忠诚于目的地（Lv 等，2020）。这意味着，当旅游者抵达一个陌生乡村做短暂的停留和访问时，其对乡村的地方依恋情感难以直接生成。相反，当旅游者生成了与乡村居民之间的情感凝聚后，旅游者可能因爱"乌"及"屋"而提升乡村依恋水平。

这是因为，人际关系和人地关系是相互作用、互为促进的，在很大程度上是"你中有我，我中有你"的关系（段义孚，2017）。关于居民家乡依恋前因的研究已验证地方依恋不仅受地方物理特征影响，而且与其社会环境有关。如 2005 年学者 Sarbin 研究就指出地方依恋的建构部分取决于个体对人际事件的参与；也有学者研究发现地方依恋的形成与该地储存的人们情感和人际关系有关（Smaldone 等，2005）。那么，在旅游情境下，作为人际关系映射的情感凝聚自然也可以成为作为人地关系映射的地方依恋的前因。另外，情绪领域的研究也支持这一推论。因为旅游者与乡村居民的情感凝聚是一种积极情绪，基于情绪评价理论，人们会对令其产生积极情绪的刺激物（这里指乡村旅游目的地）有积极评价，这将有助于强化旅游者和乡村目的地之间的情感联结，进而形成地方依恋。

最后，高频积极的人际互动是情感凝聚的应有之义。研究已发现目的地的主客人际互动会导致旅游者形成地方依恋。例如，陆一帆和曲颖（2021）以乌镇游客为对象的实证研究证实了这一点。在中国这样一个自古重人情关系的文化背景下，人际自我边界具有通透性，既可扩张也可收缩（周爱保等，2012）。当乡村居民将旅游者纳入"自己人"而非"外人"的圈子，旅游者将感知到与乡村居民的积极人际关系，易于感知到情感凝聚，这必将对旅游者的人地（生成人际关系的地方）关系感知产生影响，即爱"乌"及"屋"。基于以上分析，本研究认为，中国乡村旅游情境下，旅游者和乡村居民之间的情感凝聚有助于提升其乡村依恋水平。因此，提出以下研究假设：

H1：旅游者与乡村居民间的情感凝聚正向影响旅游者的乡村依恋水平。

7.2.3 地方温暖感知的中介作用

温暖和能力作为社会认知理论的两个基础概念，用于研究人际认知中对他人的印象知觉，“温暖”被知觉为友好的、善意的、真诚的、宽容的等，是对知觉对象传递善意程度的判断，而“能力”被知觉为高效的、智慧的、有技能的等，是对知觉对象是否有能力实施其意愿的判断（Cuddy 等，2008）。已有研究指出温暖和能力两维度基本能解释社会知觉的 82%（佐斌等，2014），基于此，Fiske 等（2007）提出了刻板印象内容模型，指个人对他人 / 群体的刻板印象是基于温暖和能力两个维度形成的。

作为个体判断他人与群体的重要社会知觉依据，刻板印象内容模型近些年得到营销学等多个学科的共同关注（徐虹与杨红艳，2021），伴随拟人化认知研究的深入，对其的应用与验证已超越对他人与群体的知觉，扩展到对不具有生命的品牌、商品、产业等的评价上（Fiske 等，2012；吴波与李东进，2013）。旅游领域的学者也利用刻板印象内容模型研究了旅游者对目的地意象的温暖和能力感知（潘莉等，2021）。鉴于此，本研究认为也可使用刻板印象内容模型研究旅游者对乡村意向的知觉。

笔者认为，源于宁静、绿色、惬意的乡村生活，以及基于地缘和亲缘而形成的淳朴憨厚的乡村邻里人际关系等典型特征，旅游者对乡村的首要感知是温暖而非能力。在快速城镇化的背景下，人们和乡村环境之间的大量情感联结被改变甚至被强行割裂，给人们的社会心理带来了负面影响，在心理准备滞后或不充分的情况下，快节奏、竞争激烈、关系淡漠的城市化生活，造成人们的温暖感缺失。因此，本研究推测旅游者应非常希望在乡村旅游情境下重拾昔日的温暖感，确实，研究也发现乡村旅游地被看成“乡愁之所”“田园意境”“姆庇之家”（安传艳等，2018）。然而，伴随近些年乡村旅游的大规模开发，部分乡村的商业化氛围越来越浓，市场逻辑的入侵使得传统的乡村温暖氛围逐渐消失。特别是因旅游开发而加大乡村居民贫富差距等一系列社会矛盾的产生，使得乡村文化出现变迁，部分乡村居民对外来旅游者的态度越来越冷漠，乡村旅游的

“乡愁之所”逐渐名不副实（安传艳等，2018）。

已有研究显示，接待业温暖感产生的基础是服务人员与顾客的人际接触与互动（Bufquin 等，2017），基于此，本研究认为当目的地居民将热情、友好、真诚、善良等情感投入到与旅游者的互动过程中，使旅游者感知到与乡村居民之间的情感凝聚，这种情感体验将成为旅游者感知乡村温暖的重要来源。感知温暖的乡村很容易使旅游者在与乡村分离时恋恋不舍，产生分离焦虑，而归家后也对乡村念念不忘，希望重访，即感知温暖有助于进一步强化旅游者和乡村之间的人地关系联结，提升旅游者的乡村依恋水平。基于此，提出以下研究假设：

H2：旅游者与乡村居民间的情感凝聚对旅游者乡村依恋的积极效应是由感知地方温暖中介的。

7.2.4 自我构念的调节作用

人无法脱离他人而存在，人是“社会人”。自我构念反映了个体在社会环境中如何理解自我与他人之间的关系（张红霞等，2013）。依据个体看待自己和他人关系的方式差异，自我构念被分为独立型自我和依赖型自我（Cross 等，2002）。自我构念是个体在社会和文化长期影响下习得的一种个人特质（Ma 等，2014），具有稳定的个体间差异。如中国文化是重人际关系价值的东方文化，要求人与人之间保持相互的联系与依赖，因此，中国人普遍表现为依赖型自我构念倾向；但随着改革开放后西方个人主义文化的盛行，持独立自我构念的人群不断增加（王海忠等，2017）。研究显示个体的自我构念系统并非一个稳定不变的实体，个体的自我构念也可随情境即时建构（王海忠等，2017），这为通过操纵个体的自我构念检验自我构念对个体认知、情感和行为的影响提供了依据。

自我构念影响个体的认知和行为（Cross 等，2011）：独立型自我的个体追求独立和独特性，归属动机较弱，不太在意自己与他人或群体的关系；而依赖型自我构念的个体归属感动机较强，希望与他人保持和谐的关系（Cross 等，2011）。基于独立型自我和依赖型自我归属感动机强度差异及对人际关系关注的差异，本研究认为，自我构念能调节旅游者情感凝聚对其地方温暖感知和地方依恋的效应，即相比独立型自我构念旅游者，依赖型自我构念旅游者拥有更强的归属感动机，更加在意自己与他人之间社会关系的建构，良好的人际关系是其自尊的来源。因此，当其感受到与目的地居民之间的情感凝聚时，其归属感动机和自尊需求得到了满足，会对使其归属感动机和自尊需求得到满足的乡村感知更加温暖，进而产生更高程度的乡村依恋水平。基于此，提出以下研究假设：

H3a：旅游者的自我构念调节了情感凝聚对其地方温暖感知的效应，即情感凝聚对地方温暖的效应在依赖构念者（vs. 独立构念者）中更强。

H3b：旅游者的自我构念调节了情感凝聚对其乡村依恋的效应，即情感凝聚对地方依恋的效应在依赖构念者（vs. 独立构念者）中更强。

基于上述分析，得出本文的理论分析模型（图 7-1）。研究拟设计 3 个实验对本文的理论模型进行验证：实验 1 的研究目的在于初步验证模型的主效应和中介效应；实验 2 的研究目的拟在更贴近乡村旅游实践的情景下，对模型的主效应和中介效应进行稳健性检验；实验 3 的研究目的在于检验旅游者自我构念的调节效应。研究设计概览见表 7-1。需要说明的是考虑到当前乡村客源市场以结伴游、家庭游为主体，因此，3 个实验设计的情景均为结伴游或家庭游。同时，为进一步说明本研究的实践意义，对经过前人研究验证的地方依恋的后效实践变量在本研究情境下进行复验。具体而言，考虑到乡村旅游供给主体多样，且大多乡村缺少充足的资金进行市场营销推介，因此旅游者的重游和口碑推荐意愿对乡村旅游的可持续发展意义重大，且互联网的普及使得越来越多的旅游者会受电子口碑特别是微信朋友圈信息的影响选择到乡村旅游，即电子口碑意愿也对乡村旅游的可持续影响较大，因此，本研究选取重游意愿、口碑和电子口碑为旅游者乡村依恋的后效变量，在不同的实验情景下进行验证。

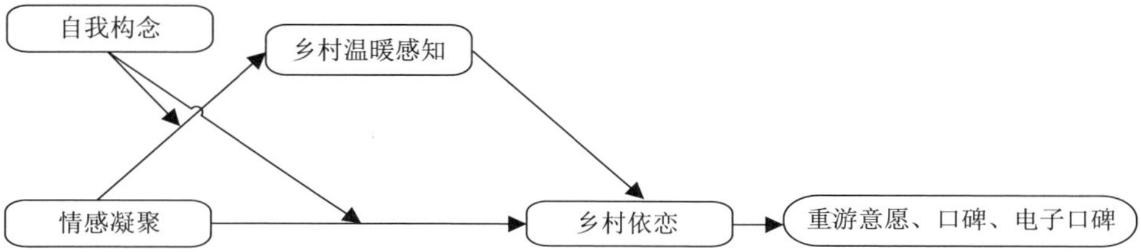

图 7-1 理论模型

表 7–1 研究设计概览

研究	假设	研究目的	实验设计	实验情景
研究 1	H1，H2	验证模型的主效应和中介效应	情感凝聚：高 vs. 低	G 村同学结伴过夜游
研究 2	H1，H2	验证主效应和中介效应的稳健性	情感凝聚：高 vs. 低	旅游小镇家庭一日游
研究 3	H3a–b	验证自我构念的调节效应	2（情感凝聚：高 vs. 低）× 2（自我构念：独立 vs. 依赖）	W 村家庭过夜游

7.3 情感凝聚影响旅游者乡村依恋的主效应和中介效应检验

为了验证本研究的主效应和中介效应，即旅游者的情感凝聚对其乡村依恋有正向影响，且这一效应是由乡村温暖感知中介的。研究采取单因素组间实验设计（情感凝聚：高 vs. 低），直接测量被试的乡村依恋和乡村温暖感知水平，乡村依恋的下游实践变量选择测量旅游者的重游意愿和口碑推荐意愿。

7.3.1 前测

为确保自变量操纵的有效性，在正式实验前，对启动高或低情感凝聚水平的实验材料进行前测。两组实验材料的编写主要依据 Woosnam 等（2013）开发的旅游者情感凝聚测量量表，在乡村旅游情境下从受欢迎程度、情感亲密度和同情理解三个维度启动，具体如下。

（1）高情感凝聚组。

想象一下：你“五一”假期和同学去 G 村自助旅游，这里民风淳朴，环境优美。你们住在当地人经营的民宿里，体验很好，和老板成了朋友。和当地人攀谈时，他们非常友好，热情地介绍当地的风土人情，告诉你们哪里好玩、哪家好吃等；而且居民表达感激你们的到来，表示他们要做好主人，保护好 G 村的环境和民风，让你们来了不后悔；你们还从当地人那里买了土特产，他们非常开心，感激你们，欢迎你们下次再来；整个旅游中，你觉得和当地居民之间很平等，能很好地理解对方。

总体而言，你觉得这次旅游体验很棒！

（2）低情感凝聚组。

想象一下：你“五一”假期和同学一起去 G 村自助旅游，这里民风淳朴，环境优美。你们住的民宿整体体验很好。和当地人攀谈时，他们提供给了你们哪里好玩等有用信息。你们还从当地人那里买了一些土特产。

总体而言，你觉得这次旅游体验很棒！

前测共招募到 134 名某高校大学生（男性 23.9%；$M_{年龄}$=20.75，SD=2.88）参与，被试被随机分配到两组中的一组，阅读情感凝聚启动材料，然后完成与实验材料中情景密切相关的注意力检测题，加强操纵效果；最后填写情感凝聚测量量表和人口统计信息。情感凝聚量表的测量题项参考 Woosnam 等（2013）的 7 点式李克特成熟量表，依据本研究情境进行微调。单因素方差分析结果显示，对于情感凝聚（α=0.85）水平的感知，高情感凝聚组（N=59）显著高于低情感凝聚组（N=75）[情感凝聚的平均值 $M_{高}$=5.38 vs $M_{低}$=4.74；F（1，132）=24.317，p=0.000]，性别对情感凝聚的感知无显著差异 [F（1，132）=0.265，p=0.608]，实验材料符合操纵检验要求。因此，我们在下面的实验中均采用同样的情感凝聚启动材料。

7.3.2 主实验

实验目的：实验 1 以大学生游客群体为对象，研究目的一是初步验证理论模型的主效应和中介效应，即游客感知与乡村居民之间的情感凝聚会增强其乡村依恋之情，这一效应源于游客感知到了更高的乡村温暖水平；研究目的二是检验理论假设对重游意愿及口碑意愿两个下游实践变量的影响。

采用单因素组间实验设计，以情感凝聚为自变量，分高低 2 个层级。研究通过“问卷星”平台，在国内某高校招募有过乡村旅游体验经历的大学生参与，没有乡村旅游体验经历及没有通过注意力检测被系统自动拒绝，并采取连续极值 / 连续同值的筛选规则，最终获得 143 份有效样本（男性 28%；$M_{年龄}$=20.10，SD=1.60）。

实验对象被随机分配到高或低情感凝聚组。被试首先阅读前测中的情感凝聚启动材料，并想象自己置于材料中的情景；然后按顺序完成地方依恋、地方温暖感知、重游意愿和口碑推荐意愿的测量；最后被试回答情感凝聚操纵检查量表和人口统计信息。地方依恋的测量题项改编自已有研究（Gross 与 Brown，

2008），有 5 个题项："你对 G 村有强烈的好感""相比去其他类似村子旅游，G 村能给你带来更大的满足""与相似村子相比，G 村是最好的去处""你对 G 村有强烈的认同感""你感觉 G 村仿佛是自己的一部分"。地方温暖感知的测量题项改编自 Subhash Jha 等（2020）的研究，有 4 个题项："G 村是一个让人感觉宽容的地方""G 村是一个让人感觉温暖的地方""G 村是一个让人感觉善良的地方""G 村是一个让人感觉真诚的地方"。下游实践变量分别采用一个题项进行测量，重游意愿采用"你愿意下次再去 G 村游玩"测量，口碑推荐意愿用"你愿意推荐身边的亲朋好友到 G 村游玩"测量。情感凝聚的测量与前测的测量量表一致。所有量表的测量题项均采用 7 点式李克特量表设计。

7.3.3 结果统计

自变量操纵检查：单因素方差分析发现两组的情感凝聚（α=0.90）感知水平存在显著差异［$M_{高}$=5.30 vs $M_{低}$=4.80；$F(1, 141)$=12.024，p=0.001］，自变量操纵成功。

因变量检验：对因变量地方依恋（α=0.89）的单因素方差检验结果显示，高情感凝聚组的地方依恋水平显著高于低情感凝聚组［$M_{高}$=5.10 vs $M_{低}$=4.32；$F(1, 141)$=24.644，p=0.000］，性别对地方依恋的影响不显著［$F(1, 141)$=0.204，p=0.652］，年龄对地方依恋的影响也不显著［$F(6, 133)$=0.763，p=0.650］。后续分析均控制了样本的性别与年龄，分析结果均显示性别和年龄的影响不显著。

中介效应检验：对中介变量地方温暖感知（α=0.95）的单因素方差检验结果显示，高情感凝聚组的地方温暖感知显著高于低情感凝聚组［$M_{高}$=5.69 vs $M_{低}$=5.01；$F(1, 141)$=21.896，p=0.000］。然后研究使用 Hayes 的 PROCESS3.4.1 进行中介效应检验（Model 4，n=5000）（Hayes，2009），结果见表 7-2，情感凝聚作用于地方温暖的路径显著（b=0.717，SE=0.063，LLCI=0.593，ULCI=0.841），情感凝聚作用于地方依恋的路径中，直接效应（b=0.492，SE=0.093，LLCI=0.307，ULCI=0.676）和间接效应（b=0.277，SE=0.069，LLCI=0.145，ULCI=0.414）均显著，说明地方温暖感知在情感凝聚作用于地方依恋的路径中发挥部分中介作用。

表 7–2 地方温暖的中介效应回归输出结果

	情感凝聚→地方温暖				情感凝聚→地方温暖→地方依恋			
	b	SE	LLCI	ULCI	b	SE	LLCI	ULCI
直接效应	0.717***	0.063	0.593	0.841	0.492***	0.093	0.593	0.841
间接效应					0.277***	0.069	0.145	0.414

下游实践变量检验：对下游实践变量的单因素方差分析结果显示，重游意愿［$M_{高}$=5.73 vs $M_{低}$=4.80；F（1，141）=22.134，p=0.000］和口碑推荐意愿［$M_{高}$=5.80 vs $M_{低}$=5.17；F（1，141）=15.383，p=0.000］在情感凝聚高低组均有显著差异。

7.3.4 实验讨论

实验 1 以同学结伴在乡村过夜游为情景，发现乡村旅游情境下旅游者的情感凝聚提高了其乡村依恋水平，且乡村温暖感知中介了情感凝聚对乡村依恋的效应，这一结果初步验证了 H1 和 H2。但是，学生结伴游不是乡村旅游的主力军，因此在实验 2 中，我们以家庭游为情景，继续招募乡村游的学生参与实验，进一步验证本研究理论模型的稳健性。

7.4 主效应和中介效应的稳健性检验

7.4.1 实验设计及实验过程

实验 2 以旅游小镇的家庭一日游为情景进一步检验理论模型的稳健性。本实验情景设计出于以下考虑：一是当前乡村旅游主要是近郊家庭游形式；二是在新冠疫情的冲击下，多数游客去往乡村旅游都是当日往返；三是越来越多的乡村依托特色产业采取旅游小镇的方式发展乡村旅游。实验招募有过乡村旅游体验经历的大学生参与，最终获得有效样本 137 份（男性 35%；$M_{年龄}$=19.47，SD=1.09）。

实验 2 继续采用单因素组间实验设计（情感凝聚：高 vs. 低）。考虑到旅游者会受电子口碑特别是微信朋友圈信息的影响选择到乡村旅游，因此我们将乡村依恋的下游实践变量更改为电子口碑意愿。

被试在线下被随机分配到高或低情感凝聚组，首先进行类似实验 1 前测的情感凝聚情景想象：不同的地方是将实验 1 前测中的“你‘五一’假期和同学去 G 村自助旅游”改成“你周末和家人去附近的 × 旅游小镇游玩”，且删除了“你们住在当地人经营的民宿里”这一表述。被试阅读完情感凝聚的启动材料后，按顺序回答了地方依恋和地方温暖感知的测量量表（同实验 1），然后回答电子口碑意愿的一个 7 点式题项，即“您愿意在网络社区及朋友圈分享您在 × 小镇的旅游见闻”。最后我们做了情感凝聚的操纵检查，并收集人口统计数据（同实验 1）。

7.4.2 结果分析

自变量的操纵检查结果显示，高低两组的情感凝聚感知水平存在显著差异［$M_{高}=5.15$ vs $M_{低}=4.82$；$F(1, 135)=5.874$，$p=0.01$］，自变量操纵成功。对因变量地方依恋的单因素方差分析结果显示，高情感凝聚组的地方依恋水平显著高于低情感凝聚组［$M_{高}=4.91$ vs $M_{低}=4.31$；$F(1, 135)=15.707$，$p=0.000$］。对下游实践变量的单因素方差分析结果显示，电子口碑推荐意愿［$M_{高}=5.72$ vs $M_{低}=5.14$；$F(1, 135)=7.624$，$p=0.007$］在情感凝聚高低组有显著差异。对中介变量地方温暖感知的单因素方差分析结果亦显示，高情感凝聚组的地方温暖感知显著高于低情感凝聚组［$M_{高}=5.65$ vs $M_{低}=5.20$；$F(1, 135)=10.266$，$p=0.002$］。使用 Hayes（2009）的 PROCESS3.4.1 进行中介效应检验（Model 4，n=5000），结果显示，乡村温暖感知的中介效应显著（b=0.2975，SE=0.0630，LLCI=0.1804，ULCI=0.4271），控制中介变量后，情感凝聚对旅游者乡村依恋的影响依然显著（b=0.5599，SE=0.0854，LLCI=0.3909，ULCI=0.7288）。

7.4.3 实验讨论

实验 2 在更为普遍的乡村家庭游情景中对模型的主效应和中介效应进行了稳健性检验，再次验证了乡村旅游情境下情感凝聚对旅游者乡村依恋的主效应及乡村温暖感知的中介效应。然而，在情感凝聚的作用下，旅游者的不同特质是否影响其对乡村的温暖感知和地方依恋水平呢？针对此，实验 3 设计了 2×2 组间实验检验乡村旅游者自我构念的调节效应。

7.5 自我构念的调节效应检验

7.5.1 实验设计及实验过程

为了验证自我构念的调节效应，实验 3 采用 2（情感凝聚：高 vs. 低）×2（自我构念：独立 vs. 依赖）的组间实验设计，检验乡村旅游者自我构念特征对其乡村温暖感知和地方依恋的调节效应。

借鉴已有研究（Gardner 等，2020），前测采取数代词的方式启动被试的自我构念，被试先阅读如下一段《独自去乡村旅行》(《结伴去乡村旅行》) 的文字，然后再次呈现同一段文字，让被试用填空的方式回答段落中“我”及“我的”（“我们”及“我们的”）出现的次数，最后使用由 12 个题项组成的 7 点式量表（Singelis，1994）测量被试独立自我和依赖自我的得分。结果发现，自我构念量表的 Cronbach's α 系数为 0.883，启动被试的独立自我构念时，被试对独立自我构念量表的评分显著高于对依赖自我构念量表的评分（$M_{独立}=5.14$ vs $M_{依赖}=4.32$；$t=6.661$，$p<0.000$）；而启动被试的依赖型自我构念时，被试对依赖自我构念量表的评分显著高于对独立自我构念量表的评分（$M_{独立}=4.31$ vs $M_{依赖}=5.16$；$t=-6.54$，$p<0.000$）。据此，可确定自我构念的启动方式有效。

《独自去乡村旅行》

驾驶着心爱的汽车，我独自来到 W 村旅游。

初到这里，我享受着乡村清新的空气，优美的环境……

走在乡间的田野里，我望着一望无际的碧绿麦田和远处此起彼伏的山脉，仿佛与自然融为一体！

此刻，我远离了城市的喧嚣与热闹，世界如此安静。

我忘却了工作，忘却了学习，只与我自己内心相处。

索性自在地享受这一切，就让我此刻忘记一切烦恼和忧愁，慢下来，静下来，享受乡村的宁静，享受与大自然的亲密接触……

没有比这更美好，让我独享这幸福时光！

《结伴去乡村旅行》

驾驶着心爱的汽车，我们结伴来到 W 村旅游。

初到这里，我们享受着乡村清新的空气，优美的环境……

走在乡间的田野里，我们望着一望无际的碧绿麦田和远处此起彼伏的山脉，与自然融为一体！

此刻，我们远离了城市的喧嚣与热闹，世界如此安静。

我们忘却了工作，忘却了学习，只与我们彼此相处。

索性自在地享受这一切，就让我们此刻忘记一切烦恼和忧愁，慢下来，静下来，享受乡村的宁静，享受大自然里的一切……

没有比这更美好，让我们结伴的幸福时光！

正式实验在线下招募有乡村旅游经历的社会人士参与，被试被随机分配到四组中的一组。首先，被试阅读与前测一致的《独自去乡村旅行》(《结伴去乡村旅行》）文字，启动被试的自我构念倾向；随后被试阅读与实验 1 前测类似的情感凝聚启动材料，不同的是将实验 1 前测中的“你‘五一’假期和同学去 G 村自助旅游”改成“你周末和家人去附近的 W 村游玩”；最后被试完成包含地方依恋和地方温暖量表的问卷。正式实验总计收回样本 262 份，删除未通过注意力检测的样本后，保留有效样本 242 份（男性 39%；未婚 48.8%；$M_{年龄}$=29.87，SD=11.11），其中独立自我 & 低情感凝聚组 73 个样本，独立自我 & 高情感凝聚组 60 个样本，依赖自我 & 低情感凝聚组 55 个样本，依赖自我 & 高情感凝聚组 54 个样本。

7.5.2 实验结果

对因变量地方依恋的双因素方差分析结果如图 7-2 所示，情感凝聚的主效应显著［$M_{高}$=5.64 vs $M_{低}$=4.50；F（1，238）=57.166，p=0.000］，自我构念的主效应不显著，情感凝聚与自我构念的交互效应在 0.1 的水平下显著［F（1，238）=2.87，p=0.092］。对中介变量地方温暖的双因素方差分析结果如图 7-3 所示，情感凝聚的主效应显著［$M_{高}$=5.71 vs $M_{低}$=4.93；F（1，238）=27.224，p=0.000］，自我构念的主效应不显著，情感凝聚与自我构念的交互效应在 0.01 的水平下显著［F（1，238）=9.248，p=0.003］。

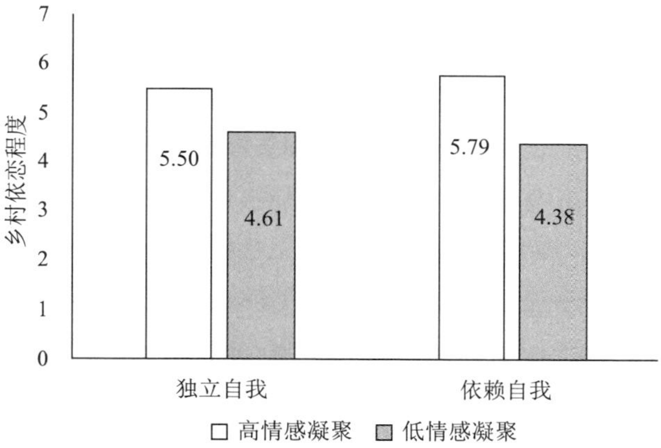

图 7-2　自我构念与情感凝聚交互对地方依恋的影响

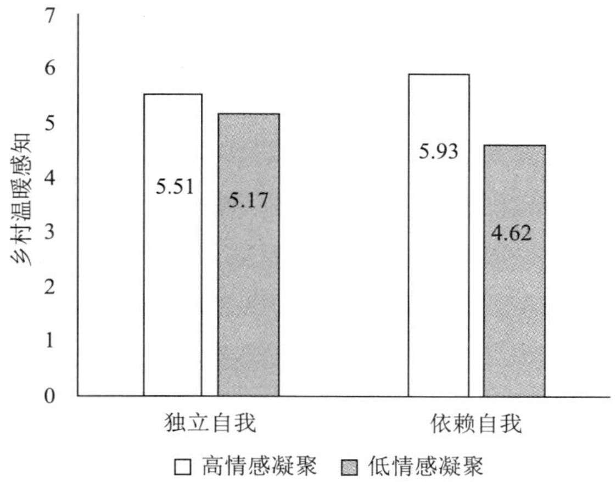

图 7-3　自我构念与情感凝聚交互对地方温暖的影响

使用 SPSS 宏中的 PROCESS3.4.1 对有调节的中介效应模型进行 95% 置信区间检验（Model8，n=5000），结果见表 7-3。可见，情感凝聚对地方温暖的效应值在独立自我构念（b=0.5537，LLCI=0.4409，ULCI=0.6666，不包含 0）组显著低于依赖自我构念组（b=0.8343，LLCI=0.7283，ULCI=0.9404，不包含 0）。同理，情感凝聚对地方依恋的间接效应值在独立自我构念（b=0.3239，LLCI=0.2200，ULCI=0.4301，不包含 0）组显著低于依赖自我构念组（b=0.4880，LLCI=0.3883，ULCI=0.5918，不包含0），自我构念调节了旅游者情感凝聚对其地方温暖感知和乡村依恋的效应，假设H3a、H3b成立。

表7–3　有调节的中介效应回归模型结果

		情感凝聚→地方温暖				情感凝聚→地方温暖→地方依恋			
		b	SE	LLCI	ULCI	b	SE	LLCI	ULCI
直接效应	独立自我	0.5537***	0.0573	0.4409	0.6666	0.4150***	0.0491	0.3183	0.5118
	依赖自我	0.8343***	0.0538	0.7283	0.9404	0.2700***	0.0554	0.1608	0.3792
间接效应	独立自我					0.3239***	0.054	0.2200	0.4301
	依赖自我					0.4880***	0.0518	0.3883	0.5918

7.5.3 实验讨论

实验3检验了乡村旅游者自我构念特征对其乡村温暖感知和乡村依恋的调节机制。独立自我构念的旅游者对乡村温暖的感知和乡村依恋程度在低情感凝聚组略高于高情感凝聚组，而依赖自我构念的旅游者对乡村温暖的感知和乡村依恋程度在高情感凝聚组显著高于低情感凝聚组。这是由于独立自我构念的旅游者归属感动机较弱，不太在乎自己和他人之间人际关系的构建，因此，其对乡村温暖的感知和乡村依恋的程度受情感凝聚的影响程度较低；而依赖自我构念的旅游者归属感动机较强，更加关注与他人之间人际关系的构建，因此，其对乡村温暖的感知和乡村依恋的程度会更显著地受到情感凝聚的影响。

7.6 结论与实践启示

7.6.1 研究结论

提高旅游者的乡村依恋能有效促进旅游者在乡村旅游情境下实施负责任行为，进而助力旅游型乡村的可持续发展与全面振兴。在中国乡村旅游情境下，旅游者会像之前学者研究的那样，源于乡村依恋情结生成和居民之间的情感凝聚，还是因和居民之间生成了情感凝聚而恋上乡村？人地关系和人际关系之间的复杂交互影响使得探讨中国乡村旅游情境下，以旅游者为关注对象时情感凝聚和地方依恋之间的因果关系成为本研究的关注点。文章采用3个实验揭示乡村旅游者与居民之间的情感凝聚对旅游者乡村依恋的影响，并检验乡村温暖感知的中介效应和旅游者自我构念的调节效应。结果发现:（1）乡村旅游情境下，旅游者感知和乡村居民之间的情感凝聚有助于提升其乡村依恋水平，验证了以旅游者为对象时，“爱上一个人恋上一个村”效应的存在，与我们前期非正式访谈所获结果一致;（2）旅游者感知乡村温暖的提升是情感凝聚作用于其乡村依恋的关键心理机制;（3）旅游者的自我构念类型会调节情感凝聚对其乡村温暖感知和乡村依恋程度的影响，即相比独立型自我构念旅游者，依赖型自我构念旅游者的乡村温暖感知和乡村依恋程度会更显著地受到其与乡村居民之间情感凝聚的影响。

7.6.2 理论与实践贡献

综上，本研究的理论贡献在于:（1）不同于以往一般旅游情境下，西方学者认为旅游者地方依恋是促成其与目的地居民情感凝聚的前因，本文在中国乡村旅游情境下，发现旅游者感知与乡村居民间的情感凝聚是其乡村依恋的前因。究其原因，笔者认为是由于中西方文化差异，西方文化情境盛行个人主义，游客对新人际关系构建的关注要小于中国文化背景下的关注，因此，旅游者可能会先恋地，继而生成与目的地居民之间的情感凝聚。然而，中国文化是集体主义文化，目的地作为喜新厌旧旅游者访问的陌生地理单位，旅游者因恋上目的地而生成与居民之间情感凝聚的可能性要小于因人际关系生成而提高恋地情结的可能性。本文着眼于探讨旅游情境下不同文化背景里不同主体人际关系和人地关系之间的因果关系，验证了旅游情境下人际关系和人地关系之间的因果关系因情境存在差异，与已有研究一起证实地理学中人际关系和人地关系互为因果的关系在旅游情境下依然成立，丰富了旅游情境下关于情感凝聚和地方依恋两个重要构念之间因果关系的认识，拓展了该领域的研究议题。

（2）本研究通过揭示乡村温暖感知是旅游者感知情感凝聚影响其地方依恋的心理机制，发现了地方温暖感知是形成旅游者地方依恋的重要机制，这启示乡村旅游开发必须重视保护好乡村的温暖属性要素。市场主导逻辑下对市场法则与个体竞争的过分强调，导致人被物质经济割裂成了孤零零的个体，人际关系淡漠已成为现代社会的通病，本研究启示乡村旅游开发保留乡村温暖属性，对弘扬与传承中华民族乡村传统文化有重要意义。

（3）本研究验证了相对于独立型构念者，依赖型构念的旅游者更易因爱上一个人而恋上一个村，原因在于依赖型构念的旅游者有更高的归属感动机，他们在与乡村居民形成情感凝聚后能感知到更高的地方温暖，形成更高水平的地方依恋。中国属于互依的集体主义文化，中国人以依赖型自我构念为主，因此，中国的乡村旅游开发更需要保留乡村的人际温暖环境。在中国乡村旅游情境下发现的自我构念对情感凝聚与地方依恋之间效应的调节丰富了自我构念领域的相关研究。

7.6.3 提高旅游者乡村依恋程度的实践对策

基于上述结论，本研究为乡村旅游目的地政府和管理者提出以下提升旅游者乡村依恋水平的建议。

首先，乡村旅游目的地政府及管理者要重视利用旅游者的情感凝聚提升其乡村依恋水平。目的地管理者要强化基于乡土逻辑（徐凤增等，2021）对乡村居民和乡村旅游从业者进行教育和培训，教育其保持善良的本性和乐于助人的人格特点，让其在和旅游者的交往中真诚友好地提供力所能及的帮助，使旅游者感受到与目的地居民之间的高情感凝聚，从而提升旅游者的乡村依恋水平，并提升乡村居民的传统文化自信力；同时，在重要客源地的营销活动中，突出乡村居民热情好客特质的传播。

其次，乡村旅游目的地政府及管理者应在重要客源市场的营销中主动打造乡村温暖意象，在乡村旅游规划和发展中重视保留乡村物质环境的温暖属性要素，同时教育培训乡村居民和乡村旅游从业者为旅游者提供暖心服务。中国快速的城镇化和市场化发展使得越来越多的人生活在关系淡漠的城市里，人们的温暖感缺失，而中国文化是非常关注温暖感的文化情境，乡村温暖意象的打造将有助于乡村吸引城市居民前往，同时，旅游者在乡村旅游中感受的乡村温暖属性将有助于治愈人们因在城市里生活而患上的人际冷漠、功利化心态重等城市病，对旅游者的身心恢复及幸福感提升都有显著作用。结论显示温暖感知有助于提升旅游者的乡村依恋水平，而旅游者对不同乡村的温暖感知存在差异，这启示乡村旅游目的地在旅游发展过程中不能因过度商业化而让旅游者感觉“失温”。

最后，乡村旅游目的地管理者要重视利用旅游者的自我构念类型，提高旅游者的乡村依恋水平。中国文化属于互依的集体主义文化，依赖型自我构念的旅游者居多，归属感动机较强，且研究证实了旅游者的自我构念类型可随情境即时建构，如研究显示每逢中国春节、中秋节等重视亲友团聚的传统节日，人们的依赖型自我构念凸显，归属感动机加强，同时，家庭游或其他结伴游的旅游者依赖型自我构念更明显。因此乡村旅游目的地管理者需要在中国传统节日对乡村旅游情境进行针对性布局，凸显乡村的温暖属性要素，同时对接待的家庭旅游者或其他结伴旅游者，通过培训增强乡村居民的热情好客、真诚人际交往意识，营造乡村旅游目的地的温暖氛围，提高旅游者的乡村依恋水平。

Part 8

第 8 章　结论与展望

8.1 研究结论

8.1.1 主要研究结论

本书基于乡村振兴等国家战略背景，以晋东南地区的乡村旅游目的地为案例地，结合实地考察及问卷调查等方式获取资料，探讨乡村旅游蓬勃发展下旅游者负责任行为的驱动机制。主要研究内容如下：第一，契合对乡村旅游者环境负责任行为的驱动机制；第二，乡村民宿情境下旅游者环境负责任行为的驱动机制；第三，旅游者红色文化资源负责任行为的驱动机制；第四，乡村旅游情境下旅游者文明旅游负责任行为的驱动机制；第五，旅游者乡村依恋的促进机制。主要结论如下。

（1）契合对乡村旅游者环境负责任行为的驱动机制。第一，旅游者与乡村旅游目的地之间的契合水平直接显著正向影响旅游者在乡村旅游活动中的环境负责任行为；第二，旅游者与乡村旅游目的地之间的契合作用于旅游者环境负责任行为的机制主要是通过改善旅游者与乡村旅游目的地之间的关系质量；第三，环境提示在关系质量对旅游者环境负责任行为的影响中发挥正向调节作用，即目的地对旅游者环境负责任行为的提示信息有助于将旅游者与目的地之间的契合和关系质量更高效地转化为旅游者的环境负责任行为。

（2）乡村民宿情境下旅游者环境负责任行为的驱动机制。第一，研究首先拓展了对乡村民宿情境下旅游者环境负责任行为的认识，得出乡村民宿情境下旅游者的环境负责任行为既包括生态环境负责任行为，也包括社会环境负责任行为和经济环境负责任行为的重要结论；第二，旅游者与乡村民宿主之间的情感凝聚能够显著促进其环境负责任行为，但对不同维度环境负责任行为的影响程度存在差异，从高到低依次是生态环境负责任行为、社会文化环境负责任行为和经济环境负责任行为；第三，情感凝聚的三个二阶构念对旅游者环境负责任行为的影响程度也存在异质性，影响的效应值从高到低依次是同情理解、情感亲密度和受欢迎程度。

（3）旅游者红色文化资源负责任行为的驱动机制。第一，地方依恋的三个二阶构念，即地方依赖、地方认同和地方情感对乡村旅游情境下旅游者红色文化资源负责任行为的影响路径存在差异，即地方依赖直接显著正向影响旅游者红色文化资源负责任行为，但地方情感和地方认同对旅游者红色文化资源负责任行为的直接效应并不成立；第二，红色精神共情和红色教育感知在地方依恋的三个二阶构念作用于旅游者的红色文化资源负责任行为中发挥部分中介作用；第三，红色精神共情在地方依恋三个二阶构念作用于旅游者红色文化资源负责任行为路径中的中介效应显著优于红色教育感知。

（4）乡村旅游情境下旅游者文明旅游负责任行为的驱动机制。第一，后果认知、责任归属、道德规范与旅游者文明旅游行为意向之间的假设关系得到了绝大部分验证，说明规范激活理论在乡村旅游情境下对旅游者的文明旅游行为也具有较好的解释力和预测力；第二，乡村旅游情境下，旅游者对乡村的怀旧情感会通过旅游者道德规范的中介机制驱动旅游者的文明旅游行为意向，但其对旅游者文明旅游行为意向的直接效应仍有待后续研究进一步检验；第三，乡村旅游情境下，旅游者的乡村依恋情感会正向驱动旅游者的文明旅游行为意向而无须通过道德规范的中介作用。

（5）旅游者乡村依恋的促进机制。第一，旅游者感知与乡村居民间的情感凝聚有助于提升旅游者对乡村目的地的依恋水平；第二，旅游者感知的乡村温暖属性是情感凝聚作用于旅游者乡村依恋的关键心理机制；第三，旅游者的自我构念类型会调节情感凝聚对其乡村温暖感知和乡村依恋的效应。具体而言，在高情感凝聚下，依赖型（vs. 独立型）自我构念的旅游者感知到更高的乡村温暖，进而形成更高水平的乡村依恋。

8.1.2 主要理论贡献

本研究的主要理论贡献如下：首先是本研究拓展了关于旅游者负责任行为的研究领域，将当前学界重视的旅游者的自然生态环境负责任行为拓展延伸至旅游者对其他旅游领域（本研究中主要是对红色文化资源负责任行为和文明旅游负责任行为）的负责任行为，为旅游者负责任行为研究领域贡献了新知识。其次是本研究基于市场营销、社会学、人文地理学等学科视角找寻并实证检验了有助于促进旅游者在乡村旅游情境中实施各种负责任行为的前因变量，为当前关于旅游者负责任行为特别是环境负责任行为的现有研究提供了新的学科基础和理论视角。最后是本研究对旅游者乡村依恋促进机制的研究，验证了乡村旅游情境下目的地可以通过旅游者短暂的情感凝聚提升其乡村依恋水平，这一研究结论区别于以往对西方旅游者和中国居民的研究结论认为地方依恋是情感凝聚的前因，本研究发现在中国乡村旅游情境下情感凝聚可以是旅游者乡村依恋的前因，研究丰富了旅游情境下关于情感凝聚和地方依恋两个重要构念之间因果关系的认识，拓展了该领域的研究议题。

8.1.3 主要实践价值

在我国实施乡村振兴、全面推进中国式现代化、共同富裕、文旅融合等战略的背景下，以晋东南乡村旅游目的地为案例地探究了乡村旅游情境下旅游者负责任行为的驱动机制，得出旅游者与乡村目的地之间的契合水平、旅游者与乡村居民之间的情感凝聚、旅游者的乡村依恋和怀旧情感等作用于旅游者负责任行为的路径和机制，研究结论为晋东南乡村旅游管理者和经营者提供了激发促进旅游者负责任行为的针对性策略建议，有助于该区域的乡村旅游目的地积极践行习近平总书记的“绿水青山就是金山银山”“弘扬传承中华优秀传统文化”“挖掘传承发展红色文化”等重要理念，有助于促进太行山区传统村落生态环境的保护和乡村旅游的可持续发展。

8.2 研究展望

随着乡村旅游活动规模的持续扩大，旅游者不负责任行为给乡村目的地社区带来的负面影响日渐凸显，因此，研究乡村旅游者负责任行为的驱动机制，以期促进乡村旅游的可持续健康发展迫在眉睫。本研究以山西省晋东南地区的乡村旅游地为主要案例地，系统研究了乡村旅游情境下旅游者负责任行为的驱动机制，特别是重点研究了旅游者生态环境负责任行为、红色文化资源负责任行为及文明旅游负责任行为的驱动机制，得出一些重要的研究结论，为乡村旅游目的地管理者激发旅游者负责任行为，从而促进乡村旅游的高质量健康发展提出了有效的对策建议。然而，受限于时间、精力及晋东南乡村旅游资源类型、发展阶段等的限制，本研究仍存在一些不足和值得未来进一步深入探讨的研究领域。

8.2.1 创新研究方法

本研究主要运用问卷调查法获取数据资料、运用回归分析法及结构方程模型等定量研究方法探究乡村旅游情境下旅游者负责任行为的驱动机制，特别是重点探究了单一因素对旅游者负责任行为的影响程度及其作用机制。虽然上述研究方法在当前关于旅游者负责任行为的相关研究中得到了较普遍的采纳和使用，然而，上述研究方法也存在明显的不足。

首先是在数据获取方面，自填式问卷虽然数据收集效率较高，成本较低，然而，旅游者在完成自填式问卷时，往往受社会期许的影响而正向化自己的态度和行为倾向，尤其是旅游者负责任行为的相关研究更容易受此倾向影响，从而导致研究结论不够精准。因此，未来需要强化定性研究方法的利用，通过访谈等方式获取定性资料、借助扎根理论分析等定性研究方法进一步获得关于旅游者负责任行为的真实感知材料和形成机制，为乡村目的地社区驱动旅游者负责任行为提供更加有效、更富有针对性的对策建议。

其次是在旅游者负责任行为影响因素的选取上，本研究证实了某单一因素或单一因素的多维二阶构念对旅游者负责任行为的影响及其作用路径。然而，旅游者之所以会选择实施负责任行为往往是多个因素共同作用的结果，即旅游者负责任行为的形成过程是非常复杂的，单一因素的缺失不一定阻碍旅游者负责任行为实现，不同的因素相互影响、共同发挥作用往往才形成了旅游者的负责任行为，而且自变量和因变量之间也并非线性的对称关系。因此，未来研究可以更多地使用非对称研究方法如模糊集定性比较分析方法探究不同类因素与旅游者负责任行为之间的非线性因果关系，特别是多种影响因素共同发挥作用驱动旅游者负责任行为的组合路径。

8.2.2 丰富研究对象，提高研究结论的外部效度

本研究对乡村旅游情境下旅游者负责任行为驱动机制的研究，主要是以山西省晋东南地区的乡村旅游地为案例进行调查，特别是基于前期的实地考察，同时考虑到晋东南地区的传统村落名录和乡村旅游发展的实际情况，重点选择了武乡县域、平顺县域及阳城县域的部分乡村进行调研和数据采集。虽然这些县域的乡村符合本研究的主题和情境所需，然而，中国地域辽阔，乡村旅游类型丰富，不同区域发展乡村旅游所依托的资源类型及其发展模式都有非常强的异质性，如北方和南方的乡村就具有非常大的差异性。晋东南地区的乡村旅游发展情况相比长三角、京津冀的一些乡村旅游地而言，受客源市场的限制，游客接待量还不那么饱和，发展还相对比较落后，大多处于生命周期的初级阶段。因此，未来需要进一步扩展研究对象，在不同区域选择不同类型、不同发展阶段的乡村旅游地开展调查，进行实证研究，以验证本研究取得的关于乡村旅游情境下旅游者负责任行为的驱动因素是否具有普适性，以及其作用于旅游者负责任行为时的机制和边界条件是否存在差异等。

8.2.3 拓展研究视角

本研究重点基于市场营销学、社会学以及人文地理学等学科视角找寻了影响乡村旅游情境下旅游者负责任行为的驱动因素及其作用机制。具体而言：基于市场营销学的顾客契合理论和关系质量理论探讨了旅游者与乡村目的地之间的契合对旅游者环境负责任行为的影响及其作用机制；基于社会学的情感凝聚理论探讨了旅游者与乡村民宿主之间的情感凝聚对其环境负责任行为的驱动作用；基于人文地理学的地方依恋理论探讨了旅游者对乡村目的地的地方依恋情感对其红色文化资源负责任行为的效果及其影响机制；基于社会科学的规范激活理论探讨了乡村旅游情境下旅游者文明旅游负责任行为的驱动机制。

然而，旅游者负责任行为的影响因素及其形成机制比较复杂，旅游者个人因素、乡村旅游目的地的情境因素以及旅游者与乡村目的地及其居民、旅游服务人员之间的关系因素等均可能影响到旅游者负责任行为的实施。如笔者在前期的实地考察中发现，目的地的拥挤对旅游者的负责任行为就存在双刃剑效应，旅游者既可能因拥挤前行困难而产生顺手将垃圾丢弃等环境不负责任行为，也可能因较多的旅游者在场而不好意思将垃圾丢弃甚至捡起他人丢弃的垃圾等环

境负责任行为；而且笔者在红色旅游乡村的考察中也发现，红色旅游点解说员的讲解和引导作用以及乡村旅游目的地的红色文化氛围等都会对旅游者的红色文化资源负责任行为产生明显的正向驱动作用。由此可见，乡村旅游情境下旅游者负责任行为的影响因素众多，且不同的学科视角均能找到激发旅游者负责任行为的驱动因素，因此未来研究需要进一步拓展研究的学科视角，找寻更丰富的旅游者负责任行为驱动影响因素，更加深入、综合、全面地探究乡村旅游情境下旅游者负责任行为的驱动机制。

8.2.4 扩展研究方向

本研究对乡村旅游情境下旅游者负责任行为的研究，着重探讨了旅游者对乡村旅游目的地的自然生态环境、红色文化资源及文明旅游等方面负责任的行为驱动机制。然而，旅游者的负责任行为强调以旅游者的行为或行动为基础，为减少其旅游活动对目的地各方面的负面影响而采取的对旅游业多方面负责任的旅游活动实践方式，依据旅游者行为或行动的实践领域差异，旅游者的负责任行为涉及的维度非常多。例如，一些乡村的旅游发展依托当地的自然或文化遗产，那么旅游者的遗产负责任行为就对这些乡村的旅游可持续发展影响较大；而且在我国实施乡村振兴、共同富裕及文旅融合等国家战略的大背景下，旅游者对乡村旅游目的地的经济环境和社会文化环境等领域的负责任行为也非常重要。因此，未来需要进一步扩展研究方向，基于乡村旅游目的地的不同类型，探讨旅游者对乡村旅游目的地不同实践领域负责任的不同行为的驱动机制。

参考文献

［1］王蒙，韩元军．中国休闲农业和乡村旅游的政策演进与内容评估［J］．产业组织评论，2021，15（2）：132-150.

［2］李涛，陶卓民，刘锐，等．南京农事节庆活动与旅游业发展的时空耦合研究［J］．人文地理，2015，30（4）：149-155.

［3］马波，高丽鑫，寇敏．中国式都市区化中乡村旅游高质量发展略论［J/OL］．华中师范大学学报（自然科学版）.https：//link.cnki.net/urlid/42.1178.N.20231018.1506.006.

［4］郭焕成，韩非．中国乡村旅游发展综述［J］．地理科学进展，2010，29（12）：1597-1605.

［5］杨证轲，马海燕，王慧，等．中国旅游扶贫研究综述：1996—2020年［J］．农业科学研究，2021，42（1）：60-65，92.

［6］李园菲，孙文生，贾静涛，等．乡村旅游对经济增长贡献度分析［J］．合作经济与科技，2017（2）：25-27.

［7］李志飞，夏家豪．乡村旅游研究30年：国内外文献回顾与展望［J/OL］．华中师范大学学报（自然科学版）：1-27［2023-10-27］.http：//kns.cnki.net/kcms/detail/42.1178.N.20231020.0937.002.html.

［8］孔雪松，府梦雪，江平．中国特色乡村空间格局与旅游空间协同优化分区［J］．地理学报，2023，78（10）：2554-2573.

［9］谢彦君．基础旅游学［M］．第三版．北京：中国旅游出版社，2011.

［10］姚素英．浅谈乡村旅游［J］．北京第二外国语学院学报，1997（3）：42-46.

［11］杜江，向萍．关于乡村旅游可持续发展的思考［J］．旅游学刊，1999（1）：15-18，73.

［12］王素洁，刘海英．国外乡村旅游研究综述［J］．旅游科学，2007（2）：61-68.

［13］王素洁，Rich Harrill. 目的地居民对旅游影响的评价研究——来自山东省的实证检验［J］. 旅游科学，2009，23（2）：25-30.

［14］赵磊 . 国外旅游发展促进经济增长假说（TLGH）研究综述［J］. 旅游科学，2012，26（4）：77-95.

［15］顾筱和，黄郁成 . 试论乡村旅游的经济影响［J］. 广西社会科学，2006（2）：52-55.

［16］徐淑红 . 乡村旅游对农村经济发展影响实证研究［J］. 社会科学家，2020（12）：54-58.

［17］Unwin T. Tourist development in Estonia：Images，sustainability，and integrated rural development［J］. Tourism Management，1996，17（4）：265-276.

［18］Ko D W，Stewart W P. A structural equation model of residents' attitudes for tourism development［J］. Tourism Management，2002，23（5）：521-530.

［19］肖艳玲 . 乡村旅游季节性带来的负面影响及调控策略［J］. 农业经济，2018（6）：51-52.

［20］李凡，金忠民 . 旅游对皖南古村落影响的比较研究——以西递、宏村和南屏为例［J］. 人文地理，2002（5）：17-20，96.

［21］Tang Z. An integrated approach to evaluating the coupling coordination between tourism and the environment［J］. Tourism Management，2015，46：11-19.

［22］Kuo N W，Chen P H. Quantifying energy use，carbon dioxide emission，and other environmental loads from island tourism based on a life cycle assessment approach［J］. Journal of Cleaner Production，2009，17（15）：1324-1330.

［23］孔英丽 . 乡村旅游对农村生态影响的两面性及其应对［J］. 农业经济，2014（5）：45-47.

［24］池静，崔凤军 . 乡村旅游地发展过程中的"公地悲剧"研究——以杭州梅家坞、龙坞茶村、山沟沟景区为例［J］. 旅游学刊，2006（7）：17-23.

［25］保继刚，孟凯，章倩滢 . 旅游引导的乡村城市化——以阳朔历村为例［J］. 地理研究，2015，34（8）：1422-1434.

［26］Garcia-Ramon M D，Canoves G，Valdovinos N. Farm tourism，gender and the environment in Spain［J］. Annals of Tourism Research，1995，22（2）：267-282.

［27］丁宇，李文胜，王卫江 . 森林旅游区居民对乡村旅游影响的感知和态度——基

于乌鲁木齐南山林区方家庄的实证分析［J］. 中南林业科技大学学报（社会科学版），2015，9（1）：39-43.

［28］Rasoolimanesh S M，Roldán J L，Jaafar M，et al. Factors influencing residents' perceptions toward tourism development：Differences across rural and urban World Heritage Sites［J］. Journal of Travel Research，2017，56（6）：760-775.

［29］Rasoolimanesh S M，Ringle C M，Jaafar M，et al. Urban vs. rural destinations：Residents' perceptions，community participation and support for tourism development［J］. Tourism Management，2017，60：147-158.

［30］Moore R S. Gender and alcohol use in a Greek tourist town［J］. Annals of Tourism Research，1995，22（2）：300-313.

［31］Fisher D. The demonstration effect revisited［J］. Annals of Tourism Research，2004，31（2）：428-446.

［32］Pearce P，Moscardo G，Ross G. Tourism community relationship［M］. Pergamon，Oxford，1996.

［33］梁冰瑜，彭华，翁时秀 . 旅游发展对乡村社区人际关系的影响研究——以丹霞山为例［J］. 人文地理，2015，30（1）：129-134.

［34］唐晓云 . 繁荣遮盖下的旅游地社会分化——兼论民族旅游地的可持续发展［J］. 旅游学刊，2014，29（4）：10-11.

［35］武晓英，李辉，周彬 . 基于结构方程模型的社区居民感知对旅游发展态度影响研究［J］. 山地学报，2021，39（2）：275-289.

［36］黎洁，高岚 . 乡村旅游对农户农林业生产和外出务工影响研究——基于陕西 22 个旅游扶贫村农户调查数据［J］. 人文地理，2019，34（4）：143-151.

［37］李志飞，夏家豪 . 乡村旅游研究 30 年：国内外文献回顾与展望［J/OL］. 华中师范大学学报（自然科学版）：1-27［2023-11-09］.http：//kns.cnki.net/kcms/detail/42.1178.N.20231020.0937.002.html.

［38］凌欢，程励，赵晨月，等 . 寓责于游：旅游者的遗产责任行为形成机制研究［J］. 旅游科学，2021，35（2）：30-51.

［39］邱宏亮，范钧，赵磊 . 旅游者环境责任行为研究述评与展望［J］. 旅游学刊，2018，33（11）：122-138.

［40］李志飞，李天骄 . 旅游者环境责任行为研究——基于国内外文献的比较分析［J］. 旅游研究，2018，10（5）：41-54.

［41］何学欢，胡东滨，粟路军．境外旅游者环境责任行为研究进展及启示［J］．旅游学刊，2017，32（9）：57-69.

［42］洪学婷，张宏梅．国外环境责任行为研究进展及对中国的启示［J］．地理科学进展，2016，35（12）：1459-1471.

［43］周晓丽，唐承财．地方依恋对旅游者红色旅游忠诚度和红色文化资源负责任行为的影响研究［J］．地理与地理信息科学，2022，38（4）：130-136，144.

［44］MATHEW P，SREEJESH S. Impact of responsible tourism on destination sustainability and quality of life of community in tourism destinations［J］.Journal of hospitality & tourism management，2017，31：83-89.

［45］LEE H Y，BONN M A，REID E L，et al. Differences in tourist ethical judgment and responsible tourism intention：an ethical scenario approach［J］.Tourism management，2017，60：298-307.

［46］Song H J，Choongki L，Kang S K，et al. The effect of environmentally friendly perceptions on festival visitors' decision-making process using an extended model of goal- directed behavior［J］. Tourism Management，2012，33（6）：1417-1428.

［47］Ramkissoon H，Smith L D G，Weiler B. Testing the dimensionality of place attachment and its relationships with place satisfaction and pro-environmental behaviours：A structural equation modeling approach［J］. Tourism Management，2013，36：552-566.

［48］Tonge J，Ryan M M，Moore S A，et al. The effect of place attachment on pro-environment behavioral intentions of visitors to coastal natural area tourist destinations［J］. Journal of Travel Research，2015，33：356-362.

［49］朱梅．基于多样本潜在类别的旅游者生态文明行为分析——以苏州市为例［J］．地理研究，2016，35（7）：1329-1343.

［50］黎耀奇，王雄志，陈朋．基于游客与居民视角的遗产地遗产责任量表开发与检验［J］．旅游学刊，2019，34（10）：60-75.

［51］Chang L C. The effects of moral emotions and justifications on visitors' intention to pick flowers in a forest recreation area in Taiwan［J］. Journal of Sustainable Tourism，2010，18（1）：137-150.

［52］Chen C L. From catching to watching：Moving towards quality assurance of whale/

dolphin watching tourism in Taiwan [J] . Marine Policy，2011，35：10–17.
[53] 贾衍菊，林德荣 . 旅游者环境责任行为：驱动因素与影响机理——基于地方理论的视角 [J] . 中国人口 · 资源与环境，2015，25（7）：161–169.
[54] Lee T H，Jan F H，Yang C C. Conceptualizing and measuring environmentally responsible behaviors from the perspective of community- based tourists [J] . Tourism Management，2013，36（3）：454–468.
[55] 邱宏亮，周国忠 . 旅游者环境责任行为：概念化、测量及有效性 [J] . 浙江社会科学，2017（12）：88–98，131，158.
[56] GURSOY D，ZHANG C，CHI O H. Determinants of locals' heritage resource protection and conservation responsibility behaviors [J] .International journal of contemporary hospitality management，2019，31（6）：2339–2357.
[57] 巨英英，程励 . 文化遗产地旅游社区居民遗产责任行为的形成机制——基于模糊集定性比较分析 [J] . 自然资源学报，2023，38（5）：1135–1149.
[58] Zelezny L C，Chua P P，Aldrich C . New Ways of Thinking about Environmentalism：Elaborating on Gender Differences in Environmentalism [J] . Journal of Social Issues，2000，56（3）：443–457.
[59] Wiernik B M，Ones D S，Dilchert S. Age and environmental sustainability：a meta–analysis [J] . Journal of Managerial Psychology，2013，28（7）：826–856.
[60] Chankrajang T，Muttarak R. Green Returns to Education：Does Schooling Contribute to Pro–Environmental Behaviours? Evidence from Thailand [J] . Ecological Economics，2017，131：434–448.
[61] 段正梁，彭振，贺小荣 . 旅游者生态价值观对其环境责任行为的影响——以岳麓山风景区为例 [J] . 地域研究与开发，2021，40（1）：132–137，167.
[62] 段正梁，彭振，杨左，等 . 情理整合视角下旅游者环境责任行为与意愿背离研究——基于 Logistic–ISM 模型 [J] . 热带地理，2021，41（1）：104–113.
[63] 柳红波 . 大学生环境意识与旅游环境责任行为意愿 [J] . 当代青年研究，2016（2）：62–66.
[64] 朱学同，张蓓蓓，刘锐，等 . 生态文明视域下乡村旅游者环境责任行为研究 [J] . 中国农业资源与区划，2020，41（2）：305–312.
[65] 高杨，白凯，马耀峰 . 旅游者幸福感对其环境责任行为影响的元分析 [J] . 旅

游科学，2020，34（6）：16-31.

［66］张圆刚，程静静，朱国兴，等．古村落旅游者怀旧情感对环境负责任行为的影响机理研究［J］．干旱区资源与环境，2019，33（5）：190-196.

［67］祁潇潇，赵亮，胡迎春．敬畏情绪对旅游者实施环境责任行为的影响——以地方依恋为中介［J］．旅游学刊，2018，33（11）：110-121.

［68］王华，李兰．生态旅游涉入、群体规范对旅游者环境友好行为意愿的影响——以观鸟旅游者为例［J］．旅游科学，2018，32（1）：85-95.

［69］Lind H B，Nordfjaern T，Jorgensen S H，et al. The value-belief-norm theory，personal norms and sustainable travel mode choice in urban areas［J］.Journal of Environmental Psychology，2015.

［70］李琳，唐亚男，李春晓，等．非惯常环境及行为：基于旅游情境的再思考［J］．旅游学刊，2022，37（11）：40-51.

［71］管婧婧，董雪旺，鲍碧丽．非惯常环境及其对旅游者行为影响的逻辑梳理［J］．旅游学刊，2018，33（4）：24-32.

［72］夏赞才，刘婷．旅游何以与文明有关：从鲍曼的旅游者隐喻说开去［J］．旅游学刊，2016，31（8）：1-3.

［73］张凌云．非惯常环境：旅游核心概念的再研究——建构旅游学研究框架的一种尝试［J］．旅游学刊，2009，24（7）：12-17.

［74］余晓婷，吴小根，张玉玲，等．游客环境责任行为驱动因素研究——以台湾为例［J］．旅游学刊，2015，30（7）：49-59.

［75］黄涛，刘晶岚，唐宁，等．价值观、景区政策对游客环境责任行为的影响——基于 TPB 的拓展模型［J］．干旱区资源与环境，2018，32（10）：88-94.

［76］刘如菲．游客环境行为分析及其对可持续旅游选择性营销的启示——以九寨沟为例［J］．人文地理，2010，25（6）：114-119.

［77］陈虎，梅青，王颖超，等．历史街区旅游意象对环境责任行为的驱动性研究［J］．中国人口·资源与环境，2017，27（12）：105-116.

［78］仇梦嫄，张捷，张宏磊，等．基于旅游声景认知的游客环保行为驱动机制研究——以厦门鼓浪屿为例［J］．旅游学刊，2017，32（11）：105-115.

［79］陈阁芝，周国林，刘博．旅游地支持对游客环境责任行为的影响研究［J/OL］．旅游学刊：1-17［2023-11-13］.https：//doi.org/10.19765/j.cnki.1002-5006.2023.00.009.

［80］金红燕，孙根年，张兴泰，等．传统村落旅游真实性对旅游者环境责任行为的影响研究——怀旧和道家生态价值观的作用［J］．浙江大学学报（理学版），2022，49（1）：121–130.
［81］Halpenny E A. Pro–environmental behaviors and park visitors：The effect of place attachment［J］. Journal of Environmental Psychology，2010，30（4）：409–421.
［82］Tonge J，Ryan M M，Moore S A，et al. The effect of place attachment on pro–environment behavioral intentions of visitors to coastal natural area tourist destinations［J］. Journal of Travel Research，2015，33：356–362.
［83］李文明，殷程强，唐文跃，等．观鸟旅游游客地方依恋与亲环境行为——以自然共情与环境教育感知为中介变量［J］．经济地理，2019，39（1）：215–224.
［84］万基财，张捷，卢韶婧，等．九寨沟地方特质与旅游者地方依恋和环保行为倾向的关系［J］．地理科学进展，2014，33（3）：411–421.
［85］吴若云，马宝建，张玉钧．地方性知识需求、地方依恋与环境责任行为关系研究——以三江源国家公园为例［J］．中南林业科技大学学报（社会科学版），2019，13（3）：23–29.
［86］张圆刚，余润哲．旅游者环境责任行为影响因素研究的元分析［J］．人文地理，2020，35（5）：141–149.
［87］孔艺丹，黄子璇，陶卓民，等．旅游者乡村性感知对环境责任行为影响的实证研究——以高淳国际慢城为例［J］．东北农业科学，2020，45（4）：119–123，128.
［88］王昶，章锦河．计划行为理论在国内旅游研究中的应用进展与启示［J］．山东师范大学学报（人文社会科学版），2017，62（1）：131–139.
［89］张玉玲，张虹鸥，杨龙，等．南岭地方特征对游客环境责任行为的影响研究——基于不同经济群体的比较分析［J］．中南林业科技大学学报（社会科学版），2017，11（5）：63–69.
［90］Kiatkawsin K，Han H. Young travelers’ intention to behave pro–environmentally：Merging the value–belief–norm theory and the expectancy theory［J］. Tourism Management，2017，59（4）：76–88.
［91］Ajzen I. From intentions to actions：A theory of planned behavior. In J. Kuhl & J.

Beckmann（Eds.）[M] . New York：Springer-Verlag，1985：11-39.

[92] Fishbein M，Ajzen I. Belief，attitude，intention and behaviour：An introduction to theory and research [J] . Philosophy & Rhetoric，1975，41（4）：842-844.

[93] 张健华，余建辉 . 自然旅游景区游客违章行为发生机制的研究 [J] . 科技和产业，2010，10（2）：54-56，77.

[94] 杨占东，赵晨蕾，董耀华，等 . 露营旅游者环境责任行为的形成路径研究——基于不留痕迹态度的中介作用 [J] . 干旱区资源与环境，2023，37（5）：177-183.

[95] 周玲强，李秋成，朱琳 . 行为效能、人地情感与旅游者环境负责行为意愿：一个基于计划行为理论的改进模型 [J] . 浙江大学学报（人文社会科学版），2014，44（2）：88-98.

[96] Han H，Kim Y. An investigation of green hotel customers' decision formation：Developing an extended model of the theory of planned behavior [J] . International Journal of Hospitality Management，2010，29（4）：659-668.

[97] Steg L，De Groot J. Explaining pro- social intentions：Testing causal relationships in the norm activation model [J] . British Journal of Social Psychology，2010，49（4）：725-743.

[98] Schwartz S H. Normative influences on altruism [A] //Berkowitz L. Advances in Experimental Social Psychology [C] . New York，NY：Academic Press，1977：221-279.

[99] Gao J，Huang Z，Zhang C. Tourists' perceptions of responsibility：An application of norm-activation theory [J] . Journal of Sustainable Tourism，2016，25（2）：276-291.

[100] Han H，Hyun S S. Drivers of customer decision to visit an environmentally responsible museum：Merging the theory of planned behavior and norm activation theory [J] . Journal of Travel & Tourism Marketing，2017.

[101] Stern P C，Dietz T，Abel T，et al. A value-belief-norm theory of support for social movements：The case for environmentalism [J] . Human Ecology Review，1999，6（2）：81-97.

[102] 张园圆，杨晨钰婧，耿丽丽，等 . 环境价值观影响家庭农场低碳生产行为的机理分析——基于 TPB-VBN 整合模型 [J] . 北京林业大学学报（社会科学

版），2023，22（3）：64-75.
［103］黄华婷，董雪旺，智瑞芝 . 双碳背景下城镇居民低碳消费行为及其影响因素研究——来自浙江省的调查数据［J］. 干旱区资源与环境，2022，36（11）：27-33.
［104］Stern P C. Toward a Coherent Theory of Environmentally Significant Behavior［J］. Journal of Social Issues，2000，56（3）：407-424.
［105］Riper，C J V，Kyle，G T. Understanding the internal processes of behavioral engagement in a national park：A latent variable path analysis of the value-belief-norm theory［J］. Journal of Environmental Psychology，2014，38（3）：288-297.
［106］肖悦，刘金广 . 文化价值观对湖泊旅游者亲环境行为的影响机制——以西湖风景区为例［J］. 湿地科学，2023，21（1）：16-27.
［107］Chen M F. An examination of the value-belief-norm theory model in predicting pro-environmental behavior in Taiwan［J］. Asian Journal of Social Psychology，2015a，18（2）：145-151.
［108］Gatersleben B，Steg L，Vlek C. Measurement and determinants of environmentally significant consumer behavior［J］. Environment & Behavior，2002，34（3）：335-362.
［109］Poortinga W，Steg L，Vlek C. Values，environmental concern and environmentally significant behaviour：a study into household energy use［J］. Environment & Behavior，2004，36（1）：70-93.
［110］Jansson J，Marell A，Nordlund A. Exploring consumer adoption of a high involvement Eco-innovation using value-belief-norm theory［J］. Journal of Consumer Behavior，2011，10（1）：51-60.
［111］Lind H B，Nordfjarn T，Jorgensen S H，et al. The value-belief-norm theory，personal norms and sustainable travel mode choice in urban areas［J］.Journal of Environmental Psychology，2015，44：119-125.
［112］Mehrabian A，Russell J A. An Approach to Environmental Psychology［M］. Cambridge，MA：The MIT Press，1974.
［113］Su L，Swanson S R. The effect of destination social responsibility on tourist environmentally responsible behavior：Compared analysis of first-time and repeat

tourists［J］. Tourism Management，2017：308-321.

［114］Chen G，So K，Hu X，et al. Travel for affection：a stimulus-organism-response model of honeymoon tourism experiences［J］.Journal of Hospitality and Tourism Research，2021，46（6）：1187-1219.

［115］Kim M J，Lee C K，Jung T. Exploring consumer behavior in virtual reality tourism using an extended stimulus-organism-response model［J］.Journal of travel research，2020，59（1）：69-89.

［116］粟路军，何学欢，胡东滨，等. 服务质量对旅游者抵制负面信息意愿的影响机制研究——基于 Stimulus-Organism-Response（S-O-R）分析框架［J］. 旅游科学，2017，31（6）：30-51.

［117］Haralambopoulos N，Pizam A. Perceived impacts of tourism：The case of Samos［J］.Annals of Tourism Research，1996，23（95）：503-526.

［118］Wu M Y，Pearce P L. The rally experience：Exploring motivation patterns of Australian Grey Nomads［J］. Journal of Destination Marketing &Management，2016，6（4）：407-415.

［119］王婉飞，吴建兴，吴茂英. 乡村旅游发展中地方政府生态管理的驱动因素研究［J］. 旅游学刊，2018，33（8）：37-47.

［120］Ballantyne R，Packer J，Sutherland L A. Visitors' memories of wildlife tourism：Implications for the design of powerful interpretive experiences［J］. Tourism Management，2011，32（4）：770-779.

［121］张梦，潘莉，Dogan Gursoy. 景区规范类标识牌劝说效果研究——基于语言风格与颜色效价的匹配影响［J］. 旅游学刊，2016，31（3）：79-87.

［122］Ajzen I. The theory of planned behavior［J］. Organizational Behavior and Human Decision Processes，1991，50（2）：179-211.

［123］Untaru E N，Epuran G H，Ispas A.A conceptual framework of consumers' pro-environmental attitudes and behaviors in the tourism context［J］. Economic Sciences，2014，56（7）：86-94.

［124］邱宏亮. 基于 TPB 拓展模型的出境游客文明旅游行为意向影响机制研究［J］. 旅游学刊，2017，32（6）：75-85.

［125］吴思，郭丹丹. "到此一游"现象为何屡禁不止？——基于道德认同的视角［J］. 旅游学刊，2018，33（11）：26-36.

[126] Van Riper C J，Kyle G T. Understanding the internal processes of behavioral engagement in a national park：A latent variable path analysis of the value-belief- norm theory [J] . Journal of Environmental Psychology，2014，38（3）：288-297.

[127] 王坤，黄震方，方叶林，等 . 文化旅游区游客涉入对地方依恋的影响测评 [J] . 人文地理，2013，28（3）：135-141.

[128] 张辉，陈晔 . 品牌契合对品牌关系质量和重购意向的影响 [J] . 旅游学刊，2017，32（4）：43-53.

[129] Brodie R J，L D Hollebeek，B Juric，et al. Customer Engagement：Conceptual Domain，Fundamental Propositions & Implications for Research [J] . Journal of Service Research，2011，14（3），252-271.

[130] Rakhi Thakur. Understanding Customer Engagement and Loyalty：A Case of Mobile Devices for Shopping [J] . Journal of Retailing & Consumer Services，2016，32（9）：151-163.

[131] Hollebeek L. Exploring Customer Brand Engagement：Definition and Themes [J] . Journal of Strategic Marketing，2011，19（7）：555-573.

[132] 韩小芸，田甜，孙本纶 . 旅游虚拟社区成员"感知—认同—契合行为"模式的实证研究 [J] . 旅游学刊，2016，31（8）：61-70.

[133] 宁连举，肖朔晨，孙中原 . 网络社群中顾客契合对知识共享行为的影响机理研究 [J] . 经济问题，2018（7）：44-49.

[134] 简兆权，令狐克睿 . 虚拟品牌社区顾客契合对价值共创的影响机制 [J] . 管理学报，2018，15（3）：326-335.

[135] 王甫园，许春晓，王开泳 . 旅游者与目的地契合的概念与测量 [J] . 资源科学，2019，41（3）：441-453.

[136] Kanchanapibul M，Lacka E，Wang X，et al. An empirical investigation of green purchase behaviour among the young generation [J] . Journal of Cleaner Production，2014，66（3）：528-536.

[137] Walker G R，Chapman R. Thinking like a park：The effects of sense of place，perspective-taking，and empathy on pro-environmental intentions [J] . Journal of Park and Recreation Administration，2003，21（4）：71-86.

[138] B A Al-alak. Impact of marketing activities on relationship quality in the

Malaysian banking sector [J] . Journal of Retailing & Consumer Services, 2014, 21 (3): 347-356.

[139] Hollebeek L D, Glynn M S and Brodie R J. Consumer brand engagement in social media: Conceptualization, scale development and validation [J] . Journal of Marketing Management, 2011, 27 (7-8): 785-807.

[140] Kim W G, Cha Y. Antecedents and consequences of relationship quality in hotel industry [J] . International Journal of Hospitality Management, 2002, 21 (4): 321-338.

[141] 何学欢，胡东滨，粟路军 . 旅游地居民感知公平、关系质量与环境责任行为 [J] . 旅游学刊，2018，33 (9)：117-131.

[142] Xuehuan He, Dongbin Hu, Scott R Swanson, et al. Destination perceptions, relationship quality, and tourist environmentally responsible behavior [J] . Tourism Management Perspectives, 2018, 28 (10): 93-104.

[143] So K K F, King C, Sparks B. Customer engagement with tourism brands scale development and validation [J] . Journal of Hospitality & Tourism Research, 2014, 38 (3): 304-329.

[144] Jiseon Ahn, Ki-Joon Back. Antecedents and consequences of customer brand engagement in integrated resorts [J] . International Journal of Hospitality Management, 2018, 75 (9): 144-152.

[145] Davis J L, Green J D, Reed A. Interdependence with the environment: Commitment, interconnectedness, and environmental behavior [J] . Journal of Environmental Psychology, 2009, 29 (2): 173–180.

[146] Baron R M , Kenny D A. The Moderator -mediator Variable Distinction in Social Psychological Research: Conceptual, Strategic, and Statistical Consideration [J] . Journal of Personality and Social Psychology, 1986, 51 (6): 1173-1182.

[147] 温忠麟，侯杰泰，张雷 . 调节效应与中介效应的比较和应用 [J] . 心理学报，2005，37 (2)：268-274.

[148] 刘美新，蔡晓梅，麻国庆 . 乡村民宿“家”的生产过程与权力博弈：广东惠州上良村案例 [J] . 地理科学，2019，39 (12)：1884-1893.

[149] 张海洲，虞虎，徐雨晨，等 . 台湾地区民宿研究特点分析——兼论中国大陆

民宿研究框架［J］. 旅游学刊，2019，34（1）：95-111.
［150］Landon A C，Woosnam K M，Bynum B. Modeling the psychological antecedents to tourists' pro-sustainable behaviors：An application of the value-belief-norm model［J］. Journal of Sustainable Tourism，2018，26（6）：957-972.
［151］余真真，田浩 . 亲环境行为研究的新路径：情理合一［J］. 心理研究，2017，10（3）：41-47.
［152］Pearce P L. The relationship between positive psychology and tourist behavior studies［J］. Tourism Analysis，2009，14（1）：37-48.
［153］Francois-Lecompte A，Prim-Allaz I. Les Francais et le tourisme durable：Proposition d'une typologie［J］. Management & Avenir，2009，9：308-326.
［154］Davina Stanford. Responsible Tourist Behaviour［J］. Tourism Management，2014，43：4-5.
［155］Durkheim E. The elementary forms of the religious life［M］. New York，NY：Free Press，1915/1995.
［156］Collins R. Conflict sociology：Towards an explanatory science［M］. New York，NY：Academic Press，1975.
［157］Woosnam K M，Norman W C，Ying T. Exploring the theoretical framework of emotional solidarity between residents and tourists［J］. Journal of Travel Research，2009，48（2）：245-258.
［158］Woosnam K M，Norman W C. Measuring non-hosting residents' emotional solidarity with tourists：Scale development of Durkheim's theoretical constructs［J］. Journal of Travel Research，2010，49（3）：365-380.
［159］Woosnam K M. Testing a model of Durkheim's theory of emotional solidarity among residents of a tourism community［J］. Journal of Travel Research，2011，50（5）：546-558.
［160］Woosnam K M，Aleshinloye K D. Can tourists experience emotional solidarity with residents? Testing Durkheim's model from a new perspective［J］. Journal of Travel Research，2013，52（4）：494-505.
［161］Woosnam K M，Erul E，Ribeiro M A. Heterogeneous community perspectives of emotional solidarity with tourists：Considering Antalya，Turkey［J］. International Journal of Tourism Research，2017，19（6）：639-647.

［162］Joo D，Tasci A D A，Woosnam K M，et al. Residents' attitude towards domestic tourists explained by contact，emotional solidarity and social distance［J］. Tourism Management，2018，64：245-257.

［163］Woosnam K M. Using emotional solidarity to explain non-hosting residents' attitudes about tourism and tourism development［J］. Journal of Travel Research，2012，51（3）：315-327.

［164］Woosnam K M，Shafer C S，Scott D，et al. Tourists' perceived safety through emotional solidarity with non-hosting residents in two Mexico–United States border regions［J］. Tourism Management，2015，46：263-273.

［165］Hammarstrom G.The construct of intergenerational solidarity in a lineage perspective：A discussion on underlying theoretical assumptions［J］. Journal of Aging Studies，2005，19（1）：33-51.

［166］王雅君，林翠生．基于迪尔凯姆情感团结理论的居民对旅游者的态度研究——以福建永定洪坑土楼群为例［J］. 海南师范大学学报（自然科学版），2016（1）：83-88.

［167］Li X，Wan Y K P. Residents' support for festivals：Integration of emotional solidarity［J］. Journal of Sustainable Tourism，2017，25（4）：517-535.

［168］Patwardhan V，Ribeiro M A，Payini V，et al. Visitors' Place Attachment and Destination Loyalty：Examining the Roles of Emotional Solidarity and Perceived Safety［J］. Journal of Travel Research，2019，58：1-19.

［169］Ribeiro M A，Woosnam K M，Pinto P，et al. Tourists' destination loyalty through emotional solidarity with non-hosting residents：An integrative moderated mediation model［J］. Journal of Travel Research，2018，57（3）：279-295.

［170］许春晓，伍姣．游客感知视角下的情感团结对游客忠诚的影响——基于游客与居民不同接触程度的比较研究［J］. 旅游论坛，2020，13（2）：51-61.

［171］窦璐．养老旅游者与目的地居民的情感凝聚对重游意愿的影响［J］. 旅游科学，2016，30（5）：63-73.

［172］Erul E，Woosnam K M，McIntosh W A. Considering emotional solidarity and the theory of planned behavior in explaining behavioral intentions to support tourism development［J］. Journal of Sustainable Tourism，2020，39（2）：1-17.

［173］范钧，邱宏亮，吴雪飞．旅游地意象、地方依恋与旅游者环境责任行为——以浙江省旅游度假区为例［J］．旅游学刊，2014，29（1）：55-66.

［174］Li S H，Liu M，Wei M. Host sincerity and tourist environmentally responsible behavior：The mediating role of tourists' emotional solidarity with hosts［J］. Journal of Destination Marketing & Management，2021，19（1）：1-9.

［175］Homans G C. Social behavior as exchange［J］. American Journal of Sociology，1958，63（6）：597–606.

［176］Hair J F，Ringle C M，Sastedt M. PLS-SEM：Indeed a silver bullet［J］. Journal of Marketing Theory and Practice，2011，19（2）：139-151.

［177］Wetzels M，Odekerken S G，Van O C. Using PLS path modelling for assessing hierarchical construct models：Guidelines and empirical illustration［J］. MIS Quarterly，2009，33（1）：177-195.

［178］乔浩浩，王朝辉，胡云云，等．旅游嵌入视角下乡村社会关系重构［J］．人文地理，2023，38（5）：44-52.

［179］高楠，张新成，王琳艳．中国红色旅游网络关注度时空特征及影响因素［J］．自然资源学报，2020，35（5）：1068-1089.

［180］朱丽，李美．游客需求视角下的乡村红色旅游发展困境及应对［J］．农业经济，2020（3）：48-50.

［181］SONG H M，KIM K S，YIM B H.The mediating effect of place attachment on the relationship between golf tourism destination image and revisit intention［J］. Asia Pacific Journal of Tourism Research，2017，22（11）：1182–1193.

［182］YUKSEL A，YUKSEL F，BILIM F Y.Destination attachment：effects on consumer satisfaction and cognitive，affective and conative loyalty［J］.Tourism Management，2010，31（2）：274–284.

［183］余文婷．"地方"理论在中国的演化与发展评述［J］．地理与地理信息科学，2021，37（2）：100-105，113.

［184］RIGHETTI F，LUCHIES L B，VAN GILS S，et al.The prosocial versus proself power holder：How power influences sacrifice in romantic relationships［J］. Personality and Social Psychology Bulletin，2015，41（6）：779–790.

［185］WILLIAMS D R，ROGGENBUCK J W.Measuring place attachment：Some preliminary Results［C］// Proceeding of NRPA Symposium on Leisure Research.

San Antonio，1989：12-16.

［186］JORGENSEN B，STEDMAN R.Sense of place as an attitude：lakeshore owners' attitudes toward their properties［J］.Journal of Environmental Psychology，2001，21（3）：233-248.

［187］汪侠，梅虎.旅游地顾客忠诚模型及实证研究［J］.旅游学刊，2006，21（10）：33-38.

［188］YOON Y，UYSAL M. An examination of the effects of motivation and satisfaction on destination loyalty：A structural model［J］. Tourism Management，2005，26（1）：45-56.

［189］吕兴洋，李春晓，李惠璠.感官印象：旅游者忠诚的增益解［J］.旅游学刊，2019，34（10）：47-59.

［190］周琪，张珊.论新时代红色文化资源的现实境遇与创新实践［J］.重庆社会科学，2020（12）：19-27，2.

［191］胡继冬.中国共产党对红色文化资源的保护与开发利用：百年历程、经验总结和趋势展望［J］.理论月刊，2021（7）：5-12.

［192］陈小荟.共情理论研究概述［J］.社会心理科学，2013，28（9）：3-5，25.

［193］WISPE L. History of the concept of empathy［M］//Eisenberg N，Strayer J.（Eds.）. Empathy and its development. New York：Cambridge University Press，1987：17-37.

［194］MARINELLA P，ROBERTA F，LUCA C，et al. High cost helping scenario：the role of empathy，prosocial reasoning and moral disengagement on helping behavior［J］. Personality and individual differences，2013，55（1）：3-7.

［195］周春秀，黄丽.依恋与共情的关系及其机制［J］.杭州师范大学学报（自然科学版），2016，15（5）：472-478.

［196］付晓蓉，兰欣.共情 vs. 同情？不幸事件后社会公众的情绪反应与旅游意向研究［J］.旅游学刊，2020，35（12）：109-122.

［197］ROUGHLEY N，SCHRAMME T. Forms of fellow feeling［M］. London：Cambridge University Press，2018：59-77.

［198］李文明，殷程强，唐文跃，等.观鸟旅游游客地方依恋与亲环境行为——以自然共情与环境教育感知为中介变量［J］.经济地理，2019，39（1）：215-224.

[199] 李文明，敖琼，殷程强，等．韶山红色旅游地游客亲环境行为的驱动因素与影响机理［J］．经济地理，2020，40（11）：233–240.
[200] 戴斌，马晓芬．大力推进红色旅游高质量发展的若干思考［J］．湖南社会科学，2021（4）：77–85.
[201] 刘欢，岳楠，白长虹．红色旅游情境下情绪唤起对游客认知的影响［J］．社会科学家，2018（3）：84–90.
[202] 沈彩云，王恩旭，刘俊，等．民族认同感越强烈的旅游者越愿意重游吗？——以侵华日军南京大屠杀遇难同胞纪念馆为例［J］．旅游学刊，2021，36（4）：83–95.
[203] 刘向阳，张程程．组织中员工心态的形成过程研究——基于“认知—情感—意动”理论视角［J］．科技管理研究，2011，31（20）：149–152，214.
[204] 李岩．对提升乡村文明旅游活动的研究［J］．管理观察，2016（30）：113–114.
[205] 李艳，陈绍文．关于“文明旅游”研究的认识、探索与反思［J］．旅游学刊，2016，31（7）：3–5.
[206] 黄细嘉，李凉．全域旅游背景下的文明旅游路径依赖［J］．旅游学刊，2016，31（8）：13–15.
[207] 林德荣，刘卫梅．旅游不文明行为归因分析［J］．旅游学刊，2016，31（8）：8–10.
[208] 周尚意．旅游与空间道德碰撞［J］．旅游学刊，2017，32（4）：1–2.
[209] 陆敏，殷樱，陶卓民．基于计划行为理论的游客不文明行为产生机理研究［J］．干旱区资源与环境，2019，33（4）：196–202.
[210] 邱宏亮．道德规范与旅游者文明旅游行为意愿——基于 TPB 的扩展模型［J］．浙江社会科学，2016（3）：96–102.
[211] 张凌云．旅游学研究的新框架：对非惯常环境下消费者行为和现象的研究［J］．旅游学刊，2008，23（10）：12–16.
[212] HAIDT J. The emotional dog and its rational tail：A social intuitionist approach to moral judgment［J］. Psychological Review，2001，108（4）：814–834.
[213] 胡静．不文明旅游的“误”与“解”［J］．旅游学刊，2016，31（8）：10–13.
[214] 何晓琳．对我国旅游者中的不文明行为分析及对策［J］．价值工程，2007，26（8）：23–25.

[215] 杨懿，常飞 . 旅游者不文明行为：内涵、机制与矫治 [J]. 资源开发与市场，2015，31（10）：1250-1253.

[216] 舒伯阳 . 中国式文明旅游的由来与未来 [J]. 旅游学刊，2016，31（7）：7-8.

[217] 吴思，郭丹丹 ."到此一游" 现象为何屡禁不止？——基于道德认同的视角 [J]. 旅游学刊，2018，33（11）：26-36.

[218] 陈顺明 . 出境旅游热的 "冷" 思考——从我国出境旅游者不文明行为谈起 [J]. 资源开发与市场，2007，23（3）：281-283.

[219] CRICK M. Representations of international tourism in the social sciences：Sun，sex，sights，savings，and servility [J]. Annual Review of Anthropology，1989，18（1）：307-344.

[220] WANG N. Tourism and Modernity：A Sociological Analysis [M]. Oxford：Emerald Group Publishing Limited，2000.

[221] 刘丹萍，金程 . 旅游中的情感研究综述 [J]. 旅游科学，2015（2）：74-85.

[222] 拓倩，李创新 . 国内文明旅游的研究进展、理论述评与学术批判 [J]. 旅游学刊，2018，33（4）：90-102.

[223] 滕玉华，金雨乐，范小红，等 . 基于规范激活理论的农村居民自愿亲环境行为研究——以国家生态文明试验区（江西）为例 [J]. 新疆财经大学学报，2022（2）：25-35.

[224] 李文超，邵婧 . 消费者环保服装购买行为的影响因素研究——基于计划行为理论和规范激活理论 [J/OL]. 中国管理科学：1-20 [2023-11-29]. https：//doi.org/10.16381/j.cnki.issn1003-207x.2022.0070.

[225] 靳慧蓉 . 基于规范激活理论的个人捐赠行为影响因素研究 [D]. 天津：天津大学，2020.

[226] Hofer J H. Dissertatio medica de nostalgia [J]. Bulletin of the History of Medicine，1688（2）：376-391.

[227] Davis F. Yearning for Yesterday：A Sociology of Nostalgia [M]. New York：Free Press，1979：18-21.

[228] Kaplan H. The psychopathology of nostalgia [J]. Psychoanalytic Review，1987（74）：465-486.

[229] Holbrook M B，Schindler R M. Echoes of the dear departed past：some work in progress on nostalgia [J]. Advances in Consumer Research，1991，18（1）：

330–333.

［230］Holak S L，Havlena W J. Feelings，fantasies，and memories：an examination of the emotional components of nostalgia［J］. Journal of business research，1998，42（3）：217–226.

［231］HENSELER J，RINGLE C M，SARSTEDT M. A new criterion for assessing discriminant validity in variance- based structural equation modeling［J］. Journal of the Academy of Marketing Science，2015，43（1）：115–135.

［232］陆一帆，曲颖 . 江南古镇旅游者地方依恋元素识别与维度构建——以乌镇为例［J］. 地域研究与开发，2021，40（3）：93–98.

［233］张辉，徐红罡 . 触“景”会生“情”吗？——旅游体验场景和目的地熟悉度对游客地方依恋的影响［J］. 旅游学刊，2023，38（6）：122–135.

［234］张凌云，张丹，张燕雪，等 . 中国旅游学术论文国际影响力研究——基于2001—2017 年旅游类 SSCI 论文统计［J］. 旅游学刊，2018，33（12）：121–133.

［235］Line N D，Hanks L，Kim W G. An expanded servicescape framework as the driver of place attachment and word of mouth［J］. Journal of Hospitality & Tourism Research，2015，42（3）：1–24.

［236］曲颖，曹李梅，杨琦 . 旅游目的地依恋维度的建构与解构［J］. 人文地理，2020，35（4）：154–160.

［237］Chen N C，Dwyer L，Firth T. Residents' place attachment and word-of-mouth behaviours：A tale of two cities［J］. Journal of Hospitality and Tourism Management，2018，36：1–11.

［238］贾衍菊，孙凤芝，刘瑞 . 旅游目的地依恋与游客环境保护行为影响关系研究［J］. 中国人口 · 资源与环境，2018，28（12）：159–167.

［239］黄剑锋，金红燕，陆林，等 . 旅游本真性对旅游者地方依恋的影响研究——目的地形象和风险感知的作用［J］. 旅游学刊，2020，35（12）：38–51.

［240］潘莉，胥兴安，谢笑盈 . 去过才真的温暖？国家旅游意象感知差异研究：以南非为例［J］. 旅游学刊，2021，36（1）：123–134.

［241］Cross S E，Hardin E E，Gercek-Swing B. The what，how，why，and where of self-construal［J］. Personality and Social Psychology Review，2011，15（2）：142–179.

［242］Shamai S. Sense of place：an empirical measurement［J］. Geo-forum，1991，22（3）：347-358.

［243］Gross M J，Brown G. An empirical structural model of tourists and places：Progressing involvement and place attachment into tourism［J］. Tourism Management，2008，29（6）：1141-1151.

［244］Kyle G T，Mowen A J，Tarrant M. Linking place preferences with place meaning：An examination of the relationship between place motivation and place attachment［J］. Journal of Environmental Psychology，2004，24（4）：439-454.

［245］邹统钎，王欣 . 旅游目的地管理［M］. 北京：高等教育出版社，2019.

［246］Taylor R B，Gottfredson S D，Brower S. Neighborhood naming as an index of attachment to place［J］. Human Sciences，1984（2）：103-125.

［247］Lee C C. Predicting tourist attachment to destinations［J］. Annals of Tourism Research，2001，28（1）：229-232.

［248］Kyle G，Graefe A，Manning R，et al. Effects of place attachment on users' perceptions of social and environmental conditions in a natural setting［J］. Journal of Environmental Psychology，2004，24（2）：213-225.

［249］徐虹，周泽鲲 . 气味景观感知对乡村地方依恋的影响机制研究——兼论怀旧的中介作用［J］. 人文地理，2020，35（4）：48-55.

［250］王屏，张冬良 . 环境认知对乡村寄宿避暑度假者忠诚度的影响研究——地方依恋与幸福感的中介作用［J］. 西南民族大学学报（人文社会科学版），2022，43（8）：43-49.

［251］陈星，张捷，张宏磊 . 观光型旅游地游客动机、交往意愿和体验质量之关系：以世界自然遗产地三清山为例［J］. 地理科学进展，2017，36（11）：1391-1401.

［252］Pizam A，Uriely N，Reichel A. The intensity of touristhost social relationship and its effects on satisfaction and change of attitudes：The case of working tourists in Israel［J］. Tourism Management，2000，21（4）：395-406.

［253］Chen J，Gong L. Loneliness in urbanising China［J］. Health & Social Care in the Community，2021.

［254］Wu M Y，Li Q，Wall G，et al. Interaction Rituals and Social Relationships in a

Rural Tourism Destination [J] . Journal of Travel Research，2022，6781592. 10.1177/00472875221130495.

[255] Li X，Wan Y K P. Residents' Support for Festivals：Integration of Emotional Solidarity [J] . Journal of Sustainable Tourism，2017，25（4）：517–535.

[256] Patwardhan V，Ribeiro M A，Payini V，et al. Visitors' Place Attachment and Destination Loyalty：Examining the Roles of Emotional Solidarity and Perceived Safety [J] . Journal of Travel Research，2020，59（1）：3-21.

[257] Lv X Y，Li C X，McCabe S. Expanding theory of tourists' destination loyalty：The role of sensory impressions [J] . Tourism Management，2020，104026. 10.1016/j.tourman.2019.104026.

[258] 段义孚 . 恋地情结 [M] . 志丞，刘苏，译 . 北京：商务印书馆，2017.

[259] Sarbin T R. If These Walls Could Talk：Places as Stages for Human Drama [J] . Journal of Constructivist Psychology，2005，18（3）：203-214.

[260] Smaldone D，Harris C，Sanyal N. An exploration of place as a process：The case of Jackson Hole，WY [J] . Journal of Environmental Psychology，2005，25（4）：397-414.

[261] 周爱保，夏瑞雪，李世峰 . 人际自我边界：从文化的角度探讨中国人的自我 [J] . 甘肃社会科学，2012，（1）：25-28.

[262] Cuddy A J C，Fiske S T，Glick P. Warmth and Competence as Universal Dimensions of Social Perception：The Stereotype Content Model and the BIAS Map [M] // Advances in Experimental Social Psychology. Academic Press，2008：61-149.

[263] 佐斌，代涛涛，温芳芳，等 . 热情与能力的关系及其影响因素 [J] . 心理科学进展，2014，22（9）：1467-1474.

[264] Fiske S T，Cuddy A J C，Glick P. Universal dimensions of social cognition：warmth and competence [J] . Trends in Cognitive Sciences，2007，11（2）：77-83.

[265] 徐虹，杨红艳 . 社会排斥对消费者拟人化品牌选择倾向的双路径影响机制研究 [J] . 南开管理评论，2021：1-19.

[266] Fiske S T，Malone C，Kervyn N. Brands as intentional agents：Our response to commentaries [J] . Journal of Consumer Psychology，2012，22（2）：205-

207.
[267] 吴波，李东进 . 基于刻板印象内容模型的品牌感知研究评介 [J] . 外国经济与管理，2013，35（3）：57-63.
[268] 安传艳，李同昇，翟洲燕，等 . 1992—2016 年中国乡村旅游研究特征与趋势：基于 CiteSpace 知识图谱分析 [J] . 地理科学进展，2018，37（9）：1186-1200.
[269] Bufquin D，Dipietro R，Orlowski M，et al. The influence of restaurant co-workers' perceived warmth and competence on employees' turnover intentions：The mediating role of job attitudes [J] . International Journal of Hospitality Management，2017，60：13-22.
[270] 张红霞，丁瑛，Angela Y. Lee，等 . 依赖 VS 独立？中国消费者自我构念的地域和年龄差异及其对广告诉求偏好的影响 [J] . 营销科学学报，2013，9（1）：50-61.
[271] Cross S E，Morris M L，Gore J S. Thinking about oneself and others：the relational-interdependent self-construal and social cognition [J] . Journal of Personality and Social Psychology，2002，82（3）：399-418.
[272] Ma Y，Wang C，Li B，et al. Does self-construal predict activity in the social brain network? A genetic moderation effect [J] . Social Cognitive & Affective Neuroscience，2014，9（9）：1360-1367.
[273] 王海忠，范孝雯，欧阳建颖 . 消费者自我构念、独特性需求与品牌标识形状偏好 [J] . 心理学报，2017，49（8）：1113-1124.
[274] Jha S，Balaji M S，Peck J，et al. The Effects of Environmental Haptic Cues on Consumer Perceptions of Retailer Warmth and Competence [J] . Journal of Retailing，2020，96（4）：590-605.
[275] Hayes A F. Beyond Baron and Kenny：Statistical mediation analysis in the new millennium [J] . Communication Monographs，2009，76（4）：408-420.
[276] Gardner W L，Gabriel S，Lee A Y. "I" value freedom，but "we" value relationships：Self-construal priming mirrors cultural differences in judgment [J] . Psychological Science，2020，10（4）：321-326.
[277] Singelis T M. The measurement of independent and interdependent self-construals [J] . Personality & Social Psychology Bulletin，1994，20（5）：580-

591.

［278］徐凤增，袭威，徐月华．乡村走向共同富裕过程中的治理机制及其作用——一项双案例研究［J］．管理世界，2021，37（12）：134-151，196，152.

［279］李秋成，周玲强．社会资本对旅游者环境友好行为意愿的影响［J］．旅游学刊，2014，29（9）：73-82.

［280］荆宁宁，李德峰．顾客契合研究综述［J］．外国经济与管理，2015，37（7）：33-45.

［281］阮晓菁．传承发展中华优秀传统文化视域下的红色文化资源开发利用研究［J］．思想理论教育导刊，2017（6）：143-147.

［282］左冰．红色旅游与政党认同——基于井冈山景区的实证研究［J］．旅游学刊，2014（9）：60-71.

［283］温树峰，吴瑾菁．2000 年以来的红色文化研究综述［J］．浙江理工大学学报，2018，40（6）：641-647.

责任编辑：刘志龙
责任印制：闫立中
封面设计：中文天地

图书在版编目（CIP）数据
乡村旅游情境下旅游者负责任行为驱动机制研究 / 周晓丽著. -- 北京 : 中国旅游出版社, 2024.5
（旅游理论与实践前沿丛书）
ISBN 978-7-5032-7326-1

Ⅰ. ①乡… Ⅱ. ①周… Ⅲ. ①乡村旅游－消费者行为论－研究－中国 Ⅳ. ①F592.3

中国国家版本馆CIP数据核字(2024)第097269号

书　　名：乡村旅游情境下旅游者负责任行为驱动机制研究

作　　者：周晓丽　著
出版发行：中国旅游出版社
（北京静安东里 6 号　邮编：100028）
http://www.cttp.net.cn　E-mail:cttp@mct.gov.cn
营销中心电话：010-57377103，010-57377106
读者服务部电话：010-57377107
排　　版：北京旅教文化传播有限公司
经　　销：全国各地新华书店
印　　刷：北京明恒达印务有限公司
版　　次：2024 年 5 月第 1 版　2024 年 5 月第 1 次印刷
开　　本：720 毫米 ×970 毫米　1/16
印　　张：11.5
字　　数：200 千
定　　价：58.00 元
ISBN　978-7-5032-7326-1